新法則化シリーズ

「外国語活動〔英語〕」授業の新法則

企画・総監修
向山洋一

編集・執筆
TOSS「外国語活動〔英語〕」授業の新法則 編集・執筆委員会

学芸みらい社
GAKUGEI MIRAISHA

巻頭言

「新法則化シリーズ」刊行にあたって

日本教育技術学会会長　TOSS代表

向山洋一

　1984年「教育技術の法則化運動」が立ち上がり、日本の教育界に「衝撃」を与えた。「法則化」の本は次々と出され、ベストセラーになっていった。向山著はいずれも万を超える売り上げを記録した。教育雑誌も6誌が創刊された。そして20年の時が流れ、法則化からTOSSになった。
　誕生の時に掲げた4つの理念はTOSSになった今でも変わらない。
1　教育技術はさまざまである。出来るだけ多くの方法を取り上げる。（多様性の原則）
2　完成された教育技術は存在しない。常に検討・修正の対象とされる。（連続性の原則）
3　主張は教材・発問・指示・留意点・結果を明示した記録を根拠とする。（実証性の原則）
4　多くの技術から、自分の学級に適した方法を選択するのは教師自身である。（主体性の原則）
　そして十余年。TOSSは「スキルシェア」のSSに加え、「システムシェア」のSSの教育へ方向を定めた。これまでの30年の歩みは、はっきりと足跡を残し、書籍、雑誌は、数えきれない。常に教師の技量向上を目指し、またその時々の教育界のテーマをとらえ課題提起してきた。理念通りに歩んできたから多くの知の財産が残ったのである。
　今年度、TOSSは新しく大きな一歩をふみ出した。新しい地を切り開いた。
　第一は、新法則化シリーズ（全教科）の発刊である。
　第二は、毎月1000円程度の会費で利用できる「TOSSメディア」の発進である。
　これまでの蓄積された情報をTOSSの精鋭たちによって、2015年発刊されたのが「新法則化シリーズ」である。
　教科ごと、学年ごとに編集されている。日々の授業に役立ち、今の時代に求められる教師の仕事の仕方や情報が満載である。ビジュアルにこだわり、読みやすい。一人でも多くの教師の手元に届き、目の前の子ども達が生き生きと学習する授業づくりを期待している。TOSSメディアと共に教育界を大きく前進させるだろう。
　教育は不易流行である。30年の歩みに留まることなく、新しい時代への挑戦である。教師が学び続けることが、日本の教育を支え、前進させることである。
　授業は流転することを求める。授業の変化の中に存在する。教師の教授活動と児童の学習活動の往復運動こそが授業である。
　教師は、教師の教授活動と児童の学習活動の向上を永久（とこしえ）に求め続ける。

まえがき

　いよいよ我が国は、「英語を使える日本人の育成」を目指して、本格的に動き出した。2020年、小学校5・6年生において、英語が教科化される予定である。週3時間程度である。

　小学校3・4年においては、現行の外国語活動が移行する形で、週に1～2時間の授業を担任が中心となり行うことになる。このことから、今後は、英語の授業ができる教員の養成が最重要課題となることが明らかである。

　本書には、TOSS型英会話指導の基本から最先端までが収録されている。TOSS型英会話指導とは、向山浩子氏の基本提案とTOSSの先生方の実践によって確立された英語の指導方法である。TOSS型英会話指導の目標は、「音声指導によって口頭コミュニケーション能力を身につける」ことである。つまり、「聴き話す」ことを繰り返すことで、どの子も英語が話せるようになることを目指している。TOSS型英会話指導により、「英会話が好きになった」「習った英語を使ってコミュニケーションをとることができるようになった」という報告が、全国から集まっている。

　このような子どもの事実を生んだ指導の集大成が本書である。

　これから英語の授業を始める先生、さらに英語の指導力高めたい先生をはじめ、様々なニーズに応えられるように本書を構成した。「授業に向かう教師の心がまえ」「教材教具の準備」「授業の進め方」「45分の授業の組み立て」などは、これから英語の授業を始める先生に役立つだろう。「授業で使える人気のワークシート」「ALTとの授業の組み立て方」「授業の腕を上げる方法」などは、さらに指導力を高めたい先生にぴったりである。

　ぜひ、それぞれの先生方のニーズに合わせて本書を活用し、英語が話せる子どもを一人でも多く育てていただきたい。

　　　　　　2014年12月　新法則化シリーズ　外国語活動〔英語〕担当　井戸砂織

目次

巻頭言　　　　　　　　　　　　　　　　　　　　　　　　　2
まえがき　　　　　　　　　　　　　　　　　　　　　　　　3

第1章　授業の準備をする

（1）授業に向かう教師の心がまえ

新法則化①　英語好きの子どもを育てる8つのポイント　　　10

新法則化②　英語が苦手な教師もこれを覚えれば授業ができる！
　　　　　　英語の指示とほめ言葉　　　　　　　　　　　14

（2）教材教具の準備

新法則化③　最初に購入するのは、
　　　　　　フラッシュカードがお薦め！　　　　　　　　17

新法則化④　簡単にできる！　フラッシュカードの作り方　18

新法則化⑤　子どもが熱中する「五色英語かるた」の使い方　22

新法則化⑥　「Seven steps」を楽しむ5パターン　　　　　24

新法則化⑦　地図さえあればすぐできる英語の授業　　　　27

新法則化⑧　簡単！　楽しい！
　　　　　　面ファスナーを使った教材作り　　　　　　　31

第2章　授業を展開する

（1）授業の進め方

新法則化⑨　授業の始めは、"Hello!" 授業の終わりは、
　　　　　　"That's all for today, good bye!"　　　　33

新法則化⑩　英会話授業は、机や椅子がない広い場所で行う　34

新法則化⑪　フラッシュカードをめくるときは、
　　　　　　子どもの目の高さに合わせる　　　　　　　　35

新法則化⑫　可能な限りAll in Englishで進める　　　　　36

新法則化⑬　リズムよく、テンポよく進める　　　　　　　37

新法則化⑭　「変化のある繰り返し」で進める　　　　　　40

（2）授業開き

新法則化⑮　「なぜ英語を学ぶのか」を話す　　　　　　　43

新法則化⑯　「英会話授業で大切な5つのこと」を4月に教える　45

新法則化⑰	中学年の授業開きはこれだ！ 体を動かす活動を多く取り入れる	47
新法則化⑱	5年生の授業開きはこれだ！ 「できる！」「楽しい！」の連続で組み立てる	52
新法則化⑲	6年生の授業開きはこれだ！ 既習事項を組み合わせ、自信を持たせる	57

（3）45分の授業の組み立て

| 新法則化⑳ | 「45分＝約5分×9パーツ」で組み立てる | 63 |
| 新法則化㉑ | 大きく分けて45分を3つのまとまりで考える | 64 |

（4）単語練習の進め方

新法則化㉒	フラッシュカードは、「持ち方」「めくり方」 「めくる位置」を覚えると安定する	65
新法則化㉓	一度に扱う新単語は、5つ以内にする	69
新法則化㉔	子どもが熱中するフラッシュカードの 「いろいろバージョン」のめくり方	71
新法則化㉕	フラッシュカードをめくるとき、 背後はすっきりとさせておく	74
新法則化㉖	フラッシュカードの基本は 「2回→1回→0回」である	75
新法則化㉗	「1分間フラッシュカード」をマスターする	78
新法則化㉘	フラッシュカード 「2分間バージョン」をマスターする	83

（5）ダイアローグ練習の進め方

新法則化㉙	ダイアローグ指導は、「三構成法」で組み立てる	91
新法則化㉚	状況設定は、変化をつけて3回繰り返す	96
新法則化㉛	ダイアローグ練習は、 スモールステップで組み立てる	99
新法則化㉜	ダイアローグ練習は、 「答え方→尋ね方」の順で行う	102
新法則化㉝	リピートのタイミングを教師が手で示す	103
新法則化㉞	子どもが1人で話す機会を作る	104
新法則化㉟	答える練習では、 自分の考えや思いを答える場を設定する	105
新法則化㊱	全体を巻き込む指導のポイント	107

新法則化㊲　ジェスチャーで楽しい雰囲気にする
　　　　　　　　　3つのポイント　　　　　　　　　　　　　109
　（6）アクティビティ・ゲームの進め方
　　　新法則化㊳　ルールややり方は
　　　　　　　　　「デモンストレーション」で理解させる　　110
　　　新法則化㊴　ゲームは「小」から「大」へ進める　　　　111
　　　新法則化㊵　ゲームに、アイコンタクトや
　　　　　　　　　笑顔を入れていくポイント　　　　　　　　112
　　　新法則化㊶　簡単にすぐできる楽しいゲームを3つ知っておく　113
　（7）子どもが熱中する2文ダイアローグ指導
　　　新法則化㊷　"How are you? / I'm fine." を、
　　　　　　　　　フラッシュカードで楽しく教える　　　　　117
　　　新法則化㊸　"What's this?" は、
　　　　　　　　　動物のジェスチャーで盛り上げる　　　　　122
　　　新法則化㊹　"What color is it?" の状況設定は、
　　　　　　　　　ペットボトルを使った楽しい手品で行う　　127
　　　新法則化㊺　どっちを選べばいいのかを選ぶ楽しさで、
　　　　　　　　　子どもが熱中する "Which do you like?"　134
　　　新法則化㊻　"How is the weather?" は、状況設定を2段階で
　　　　　　　　　組み立て、意味を理解させる　　　　　　　139
　　　新法則化㊼　"Can I borrow your pencil?" は、
　　　　　　　　　身近なものを使って、楽しく授業する　　　146
　　　新法則化㊽　"Where is the lion?" の状況設定は、
　　　　　　　　　動物園で行う　　　　　　　　　　　　　　153
　　　新法則化㊾　"Large or small?" は
　　　　　　　　　ジュースを注文する場面で教える　　　　　159
　（8）英語ノートを三構成法で進める
　　　新法則化㊿　"Do you like 〜?" で、
　　　　　　　　　熱中した授業を作るポイント　　　　　　　164
　　　新法則化㉛　"What would you like?" は、
　　　　　　　　　ハンバーガーショップの場面設定がぴったり　172

第3章　子ども1人ひとりを大切にする対応法

（1）子どもへの対応

　　新法則化㊾　だまってしまう子には、
　　　　　　　　教師が小さな声で優しく教える　　　　　　　177

　　新法則化㊽　楽しい雰囲気にするには子どもの答えを、
　　　　　　　　教師が興味津々で聞くことだ　　　　　　　　178

　　新法則化㊼　会話ができない子には、教師が話しかける　　179

　　新法則化㊻　1番に言えた子を、必ず大げさにほめる　　　180

　　新法則化㊺　教師が1番のやんちゃになる　　　　　　　　182

（2）指示の出し方

　　新法則化㊹　指示は簡単な英語でよい　　　　　　　　　　183

　　新法則化㊸　立たせてから、グループ分けの指示を出す　　185

　　新法則化㊷　耳に手をあてるジェスチャーをつけて、
　　　　　　　　"Listen."と言う　　　　　　　　　　　　　186

（3）子どもをほめる

　　新法則化㊶　ほめ言葉は1つでも、3通りのほめ方を工夫する　187

　　新法則化㊵　"Good!" "Very good." "That's right." の
　　　　　　　　3つを使いこなす　　　　　　　　　　　　　188

　　新法則化㊳　授業後もほめる　　　　　　　　　　　　　　189

第4章　授業ですぐ使える人気のワークシート

（1）インフォメーションギャップワークシートは
　　　子どもたちを熱中させる

　　新法則化㊷　What's this? / It's a clock.　　　　　　190

　　新法則化㊸　How many apples are there? / There is one.　198

　　新法則化㊹　What time is it? / It's one o'clock.　　202

　　新法則化㊺　How is the weather? / It's sunny.　　　206

　　新法則化㊻　Who is this? / It's Yumi.　　　　　　　　210

（2）選択型ワークシートを使うと
　　　自分の意見をはっきり表すことができる

　　新法則化㊽　Which do you like? / I like Japanese.　213

　　新法則化㊾　Which do you like? / I like rice.　　　218

（3）グラフ型ワークシートを使うと
　　　たくさんの友だちと話したくなる
　　　新法則化⑩　How are you? / I'm fine. 　　　　　　　　　220
　　　新法則化⑪　What sports do you like? / I like soccer. 　225
　（4）○×型ワークシートを使うと、
　　　友だちのことがもっとよく分かる
　　　新法則化⑫　Can you play Kendama? /
　　　　　　　　　Yes, I can. （No, I can't.） 　　　　　　227
　　　新法則化⑬　Do you have a watch? /
　　　　　　　　　Yes, I do. （No, I don't） 　　　　　　　232

第5章　ALTとの授業の組み立て方

　（1）ALTとのコミュニケーション
　　　新法則化⑭　ALTと仲良くなれる3つのダイアローグを覚える　234
　　　新法則化⑮　ALTが主で授業するパーツでは、担任は
　　　　　　　　　子どもと一緒に楽しく積極的に参加する　　　　235
　　　新法則化⑯　最後は、ALTとハイタッチで楽しく授業を終える　236
　　　新法則化⑰　授業の後には、"Thank you!" と
　　　　　　　　　笑顔でお礼を言う　　　　　　　　　　　　　　237
　（2）TT指導のポイント
　　　新法則化⑱　学級担任が中心になって授業を進めていく　　　238
　　　新法則化⑲　ALTの英語をできるだけたくさん聞かせる　　　239
　　　新法則化⑳　ALTと会話をする場面を
　　　　　　　　　できるだけたくさん設定する　　　　　　　　　240

第6章　授業の実力を上げる方法

　（1）サークルで練習する
　　　新法則化㉑　サークルで教師修行を続ける　　　　　　　　　241
　　　新法則化㉒　「英会話授業検定」で授業力を上げる　～新人編～　243
　　　新法則化㉓　「英会話授業検定」で授業力を上げる　～30代編～　246
　　　新法則化㉔　英会話授業の教師修行はここから！フラッシュカード
　　　　　　　　　「2回→1回→0回」19秒に挑戦する　　　　　　249

（2）完全追試で、英会話のリズムとテンポを身につける
 新法則化㉟　ハンカチ1枚で "Here you are." の
      授業30秒に挑戦する　　　　　　　　　252
 新法則化㊱　「世界のあいさつ」の授業30秒に挑戦する　　254
 新法則化㊲　"What flavor do you like?" の
      授業50秒に挑戦する　　　　　　　　　256

（3）TOSS型英会話ってなあに？
 新法則化㊳　基本文献を読もう　　　　　　　　　　　　　262

第7章　だれでもできる英会話授業の実践

（1）英会話フラッシュカード
 新法則化㊴　英会話フラッシュカードってなあに？　　　　264
 新法則化㊵　英会話フラッシュカードの使い方　　　　　　266
 新法則化㊶　フラッシュカードの修行法　　　　　　　　　268
 新法則化㊷　英会話フラッシュカード教室実践記（小学校編）　270
 新法則化㊸　フラッシュカード実践記（中学校編）　　　　272
 新法則化㊹　英会話フラッシュカードを使ったシステム作り　274

（2）わくわく復習シート
 新法則化㊺　わくわく復習シートってなあに？　　　　　　278
 新法則化㊻　わくわく復習シートの使い方　　　　　　　　280
 新法則化㊼　わくわく復習シート学級実践記（小学校編）　282
 新法則化㊽　わくわく復習シート学級実践記（中学校編①）　284
 新法則化㊾　わくわく復習シート学級実践記（中学校編②）　286
 新法則化100　わくわく復習シートのシステム作り　　　　288

第8章　地域で英語が大好きな子を育てる

（1）グローバル化に対応した英会話授業
 新法則化101　英会話で文化の違いを授業する　　　　　　290
 新法則化102　自国の歴史を英語で紹介する授業　　　　　292

（2）社会貢献活動で英会話教室　成功のポイント!!
 新法則化103　グローバル子ども観光大使を育てる!!
      英会話教室　　　　　　　　　　　　　294

付録　わくわく復習シート　ダイアローグA（英語あり／英語なし）

第1章　授業の準備をする

（1）授業に向かう教師の心がまえ
新法則化①　英語好きの子どもを育てる8つのポイント

　英会話の授業では、「楽しく、あくまでも楽しく」授業する。

> 　英語嫌いにさせては元も子もない。ゲームや音楽の援用、ロールプレイなどによって、あくまでも楽しい学習にする。
> 　　　　　　（向山浩子著『TOSS型英会話指導の基本』東京教育技術研究所）

（※「音楽の援用」とは、ここでは、音楽を授業を楽しくする「手助け」程度に使う、という意味である）

　私は外国語活動をするとき、よく上の言葉を思い出す。
　「英語を話せるようにさせなくては！」とばかり考え、子どもたちに英語を学ぶ楽しさを味わわせることを忘れ、身につけさせるのに集中してしまうことがあった。
　子どもたちはあまり楽しそうではなかった。私自身も楽しくなかった。

　楽しく、あくまでも楽しく。

　この言葉を知り、何より「楽しく」を心がけるようになってから、45分を、楽しく授業ができるようになった。
　楽しくするポイントを8つ挙げる。

ポイント1　笑顔で授業をする

　普段は日本語で話しているのであるから、だれしも英語を話すときは緊張するものである。教師が笑顔であれば、子どもは安心する。

ポイント２　楽しそうに授業をする。

　笑顔で、かつ「楽しそうに」授業する。
　教師が楽しそうに授業をしていれば、子どもも楽しい気持ちになる。
　サークルやセミナーで学び、「楽しそうに授業をする先生」を見つけ、手本とすると良い。私が手本としているのは、神奈川の谷和樹氏である。

ポイント３　頑張っている子を見逃さず、ほめる。

　子どもたちは声が小さいときや、真面目にやらないときもあるかもしれない。しかし、そのような中でも、頑張っている子が必ずいるはずである。まずは、頑張っている子を見逃さず、ほめる。よく聞いていること、大きな声を出していること、手を挙げたことなどを力強くほめよう。

ポイント４　言えないときは、教える。

　単語練習やダイアローグ練習の後半、１人ずつ発話させる場面がある。
　繰り返し練習していても、１人で言うときになると、言えずに黙ってしまう子もいる。
　そのときは、「言えるまで待つ」ことはしない。
　小さな声でさっと答えを教え、真似させる。
　子どもたちが英語を話すのである。たとえ、「小さな声でも、英語を話したことがすごい！」という気持ちで、力強く"Good!"とほめる。子どもたちは安心する。
　教えても言えないときがある。
　そんなときも、笑顔のままでいる。
　"O.K.!"と明るく言い、手で座るジェスチャーをし、座らせる。

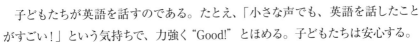

第1章　授業の準備をする

　発話が難しい子をあてるときは、単語練習などできるだけ短く簡単で、発話しやすい内容にするなど配慮も必要である。
　また、次の機会に言えたときには、力強くほめることも大切である。

| ポイント5　子どもを前に出す。 |

　例えば、授業の最初にやることが多い"How are you?"のあいさつで私は、最後に"Any challengers?"と尋ね、挙手した子どもを何人か前に出し、1組ずつあいさつをさせる。みんなの前で挑戦させることで、挑戦している方も見ている方も笑顔になる。

| ポイント6　"Simon says ゲーム"や五色英語かるたのようなすぐにできる簡単で楽しい活動を行う。 |

　私は時々、114頁で紹介されている「Simon says ゲーム」を1～2分ほど行う。このゲームは体を動かせること、間違う子がいることが楽しい。
　24頁で紹介されている五色英語かるたは、何度やっても子どもが熱中する。

　最初は教師が読み手をやるが、後半は、3人組のうち、勝った人が読み手をする。1対1の勝負になり、どの子にも勝つチャンスが生まれる。
　子どもたちの楽しそうな様子が見られる。

| ポイント7　"Seven steps"や"Hello song"など簡単で楽しい英語の歌を歌う。 |

　私が10年以上愛用しているCDがある。

公文の『えいごのうた』である。これは、CDつきの絵本である。

この中には簡単で、楽しく歌える曲が入っている。

私は特に、"Seven steps"や"Hello song"を使うことが多い。

本書24頁のように歌い方に変化をつけたり、簡単な動きをつけて歌うことでより楽しい雰囲気になる。

例えば、五色英語かるたの後に音楽を流す。

「音楽が流れたら今やっている活動をやめて片付け、元の場所に戻って歌う」

と決めておけば、大きな声で"Finish!!"などと叫ぶ必要がない。

ポイント8　参観者を巻き込む。

参観者がいるときは、参観者も巻き込む！

簡単な内容であることがポイントだが、教師の相手役をしてもらったり、アクティビティのときに子どもたちに話しに行かせたりする。

私は、東京の間宮多恵氏から学んだ方法を応用している。

「同性と会話したら1点」

「異性と会話したら5点」

「先生やALTと会話したら10点」

「参観者と会話したら20点」

というように点数を決めておく。正確に計算して発表させなくても、このような点数配分であるということを知らせておくと、子どもたちは「いろいろな人と話すことが大事なんだ」と理解する。そして、「今度は先生と話してみよう」「今度は男子にも話しかけてみよう」と自分なりに目標をもって取り組むようになる。

(井戸砂織)

第1章　授業の準備をする

> （1）授業に向かう教師の心がまえ
> **新法則化②　英語が苦手な教師もこれを覚えれば**
> **　　　　　授業ができる！ 英語の指示とほめ言葉**

　英会話が苦手だから、「授業をするなんてとんでもない！」と思っている人は多いはず。私自身、そう思っていた。
　しかし、大丈夫である。

> 簡単な英語の指示とほめ言葉で授業を進めることができる。

1　英語の指示を覚える

　簡単な英語の指示をまず5つ覚える。

> Stand up, please.（立ちましょう）
> Sit down, please.（座りましょう）
> Raise your hand.（手を挙げます）
> Make pairs.（2人組を作ります）
> Listen carefully.（よく聞きなさい）

　この5つの指示は、英会話授業の多くの場面で使用できる。さらに、ジェスチャーをつけることで、どの子にも教師の指示が伝わる。
　次に、場面別によく使う指示を覚える。

（1）　単語練習

> Repeat.（繰り返しましょう）
> One by one.（1人ずつやります）
> Any challengers?（挑戦する人？）
> This side, group A.（こちら側がAグループです）

（2） 状況設定

What's this?（これは何ですか）
How many?（いくつですか）
Really?（本当かな）

（3） ダイアローグの口頭練習

One, two, three, stand up.（3人、立ちましょう）
Boys, stand up.（男の子、立ちましょう）
With gesture.（ジェスチャーもつけましょう）
Ask me.（尋ねてください）
Everyone, guess.（推測しましょう）

（4） アクティビティやゲーム

Talk to three persons.（3人と話しましょう）
Go back to your seat.（席に戻りましょう）
Talk with many persons.（多くの人と話しましょう）
Finish and sit down.（終わったら、座りましょう）
Excuse me.（すみません）
Any volunteers?（誰か手伝ってくれませんか）
〇〇, please come here.（〇〇さん、来てください）

（5） 授業の終わり

That's all for today.（終わります）
Good bye.（さようなら）
See you.（また会いましょう）

第1章 授業の準備をする

2 ほめ言葉を覚える

まず、次のほめ言葉を覚えよう。まずは、1つで十分である。

```
Good!（いいね！）
```

次に、あと2つ追加する。

```
Very good!（とてもいいね！）
That's right!（その通り！）
```

ただほめ言葉を言うのではない。
ポイントは、以下の通りだ。

```
子どもが「ほめられた！」と感じるように、ほめる。
```

「ほめられた！」と感じるような教師の表情や声のトーン、ジェスチャーが大事である。
　指示の出し方やほめ言葉を繰り返し練習する必要がある。
　詳しくは、180～189頁を見ていただきたい。

（南達也）

（２）教材教具の準備
新法則化③　最初に購入するのは、
　　　　　　フラッシュカードがお薦め！

　英会話の授業をより楽しく分かりやすいものにするために、様々な教材・教具を準備する。
　もし、１つだけ買うとするならば、これである。

フラッシュカード

　フラッシュカードは、単語練習、ダイアローグ練習、アクティビティなどに活用できる万能な教材・教具である。
　私のお薦めは、東京教育技術研究所（tel: 03-3787-6564 fax: 03-5702-2384）が販売しているフラッシュカードである。

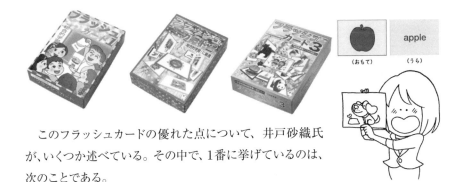

　このフラッシュカードの優れた点について、井戸砂織氏が、いくつか述べている。その中で、１番に挙げているのは、次のことである。

とてもめくりやすいので、リズム良くテンポ良く授業ができる。

　使用されている用紙に、ちょうどよい厚みがあり、かつ持ったときに滑らない紙質なので、実にめくりやすい。
　英会話授業は、リズムとテンポが命である。
　教材にもこだわりたい。

（小井戸政宏）

第1章　授業の準備をする

（2）教材教具の準備
新法則化④　簡単にできる！ フラッシュカードの作り方

　英会話授業に欠かせないのが、フラッシュカードである。市販のカードを使用しても良いが、使いたいダイアローグや単語に合わせてフラッシュカードを作成することができれば、もっと授業が楽しくなる。

　簡単にできる自作フラッシュカードの作り方を紹介する。

　作成の手順は以下の3つである。

```
1  用紙の設定をする。
2  絵を貼りつける。
3  印刷する。
```

1　用紙の設定をする

　Word（または、一太郎など）を立ち上げる。「ファイル」→「ページ設定」から用紙を「A4横」に設定する。

2　イラストを貼りつける

　設定した画面に、使いたいイラストや写真を貼りつける。

　写真よりも絵の方が一般化しやすいので、普段はイラストを用いることが多い。

　イラストは、次の2つの方法で、探している。

```
（1）インターネットで探したフリーソフトの絵
（2）市販されている英語コンテンツ用のCD-ROMの中の絵
```

　（1）（2）どちらも、使いたいイラストの上で右クリックをして「画像をコピー」が出れば、そのままWordの画面に貼りつけることができる。

ア）使いたいイラストを選ぶ

パソコン上に使いたい絵のある画面を出す。例えば、右の□で囲った絵を使うとする。

イ）イラストをコピーする

画像の上で右クリックをして、「画像をコピー」が出たら、コピーしてWordに貼りつければ良い。

「画像をコピー」が出ないときは、画面全体を「プリントスクリーン」でコピーして、Wordに貼りつける。

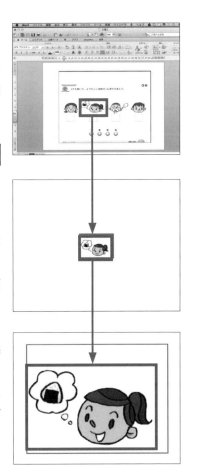

Windowsの場合

PCによって多少異なるが、基本は同じ。

① キーボードの Fn と PrtScr を同時に押す。（画面全体コピー）
② あらかじめ準備していたWordの画面を開き、右クリックして貼りつける。
③ 使いたい部分だけをトリミングする。
   画像の上でクリックすると、画像編集用のタグが出るので、その中にあるトリミングを選びクリックをする。そして、画像をほしい部分だけトリミングする。
④ 拡大する。
   使いたい部分だけになったら、バランス良く拡大させる。

第1章　授業の準備をする

第1章 授業の準備をする

Mac の場合

① 「Shift+ コマンド + 3」→画面全体コピー
「Shift+ コマンド + 4」→指定範囲コピーとなる。
コピーできたものは、デスクトップ画面に、「スクリーンショット○○」や「ピクチャ」という名前でファイルができている。
② これを貼りつけるには、Word 画面を開き、「挿入」→「写真」→「ファイルからの画像」と進む。
※貼った後の作業③④は、Windows の操作と同じである。

3 印刷する

フラッシュカードの用紙に最適なのが、スワン紙である。スワンという名前の通り、白鳥のように白いというのがこの紙の特徴である。また、厚みもほどよくあり、大変めくりやすい。

セミナーなどで販売しているときもあるが、個人で注文する方が確実である。送料が別途かかるので、何人かでまとめて下記のところへ頼むと良い。

フラッシュカードに最適なスワン紙

奥清二郎氏　oku @ toss － mio.com

スワン紙印刷をする場合は、紙が厚いので、排紙トレイの設定を手差し（後方）に選ぶと良い。

また、スワン紙は A4 よりも少し小さいので、印刷のプロパティを出し、「拡大・縮小」のところを選んで、倍率を「94%」にする。紙の厚さを指定できるならば、極厚にすると良い。

フラッシュカード作り方のコツ

1　上はスペースを空ける

　フラッシュカードの絵が指で隠れてしまうことがないようにしなくてはいけない。そこで、カードの上部と下部は、指で押さえる部分を空けて絵を置く。

2　滑り止めにセロハンテープを貼る

　スワン紙はめくりやすい。

　さらにスムーズにめくるために、裏にセロハンテープを貼ると良い。

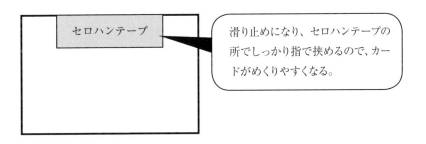

3　裏に英語を書いておく

　裏には英語を書いておく。こうすれば、表の絵を見なくても、次に出すカードが何であるかすぐに分かる。

　市販のフラッシュカードの中には、カードの真ん中に文字が書いてあるものもあるが、右利きの人は左上に（左利きの人は、逆で右上）書いておくと見やすい。

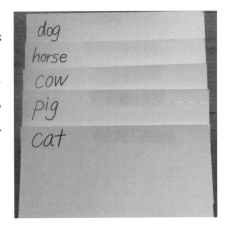

（水野彰子）

| 第1章 | 授業の準備をする |

（2）教材教具の準備
新法則化⑤　子どもが熱中する「五色英語かるた」の使い方

　五色英語かるたは、単語やダイアローグの「定着のため」に役立ち、また、外国語活動を「楽しくする」必須の教具である。

　五色英語かるたには、様々な遊び方がある。1番基本となる「かるた取りゲーム」の進め方を紹介する。

「五色英語かるた」
（東京教育技術研究所）

1　教師が読み手となり、グループごとにかるた取りゲームを行う

（1）3人のグループを作らせる。
　　Everyone, stand up!（みなさん、立ちます）
　　Make group of three.（3人組を作ります）

（2）グループにつき1人、カードを取りに来させ5枚渡す。
　　One person, come here.（こちらに1人来なさい）

（3）カードを広げさせ、かるた取りを始める。
　　Spread your cards.（カードを広げます）
　　「cat」「pig」「horse」「dog」（教師が間隔をとって読み上げる）
　　※全グループが並べ終わるのを待たずに始め、時間の空白を無くす。
　　※1枚残して終えることで取り合いによる怪我を防ぐ。

（4）取ったカードの枚数を尋ねる。
　　Count your cards.（カードを数えなさい）
　　Zero. One. Two, three....　More than.
　　○○, stand up. You're the winner!
　　（0枚の人、1枚の人、2枚の人、3枚の人、それ以上の人。○○さん、立って。あなたの勝ち！）

（5）変化を付け、2～3回繰り返す。
① 読み上げた単語をリピートしながら取る。
　"dog" Everyone,"dog"（かるたを取るジェスチャー）O.K.？
　（3）（4）を同様に行う。
② 教師が場にないかるた（"monkey"や"rabbit"）なども読み、
　よく聞くことを意識させる。
　（3）（4）を同様に行う。
　お手つきをする子がいたら、「お手つき、1回休み」と指示する。

　ここまでは、教師主導で進める。
　以下は、3人組のうちの1人が読み手になる。これは京都の平田淳氏から学んだ方法である。3人での勝負ではなかなか勝てなかった子にも勝てるチャンスが生まれる。また、教師は子どもの様子を見て回ることができる。

2　3人組のうちの1人が読み手になり、グループごとにかるた取りゲームを行う

（1）1つのグループを立たせ、全員に注目させる。
　T（教師）：This group, stand up. Everyone, look at this group.
（2）読み手（最後に勝った子ども）1人に、単語を次々に言わせていく
　（やり方のお手本を見せる）。
　T：Leader, "cat""pig" anything O.K..... Go ahead. O.K.？
　（リーダーの子は「cat」「pig」と言っていきなさい）
　C（子ども）（リーダー）："cat""pig"....
（3）それぞれのグループの読み手（最後に勝った子ども）を1人立たせ、
　単語を次々に言わせ、かるた取りを開始させていく。
　T：This group leader, stand up. Ready, go.
　それぞれのグループの読み手（リーダー）にかるた取りを始めさせる。

　井戸砂織氏は、五色英語かるたを終えるとき、音楽を流すそうである。「音楽が流れたらカードを片付けて前へ。そして歌を歌う」と決め、次の活動にスムーズに移行させている。
　このような微細技術があることを知り、目から鱗が落ちる思いだった。（成田容実）

第1章　授業の準備をする

第1章 授業の準備をする

（2）教材教具の準備
新法則化⑥ 「Seven steps」を楽しむ5パターン

「英語の歌の定番！」と言えば、"Seven steps"である。私も毎年必ず歌っている。どの学年でも盛り上がる。

ちょっとした工夫で、"Seven steps"を5通り楽しむことができる。

その5パターンを紹介する。

1　横移動をして歌う。
2　円になって歌う。
3　手拍子や足踏みを入れて歌う。
4　数字を2から8までにして歌う。
5　逆に数えて歌う。

1　横移動をして歌う

歌に合わせて、横に移動しながら歌う。

方向を変えるとき、"Hey!"というかけ声をかけても楽しい。

```
1・2・3・4・5・6・7→右に移動
1・2・3・4・5・6・7→左に移動
1・2・3→右に移動
1・2・3→左に移動
1・2・3・4・5・6・7→右に移動
1・2・3→左に移動
1・2・3→右に移動
1・2・3・4・5・6・7→左に移動
```

2　円になって歌う

円になって、横移動をしながら歌うことができる。

円になるときは、次のように指示をする。

T：Make a circle.（円になります）

　手をつないで、「1　横移動をして歌う」のように、左、右と交互に進む。
　子どもたちが左右に進むことが分からなければ、教師が進む方向を指で指すと良い。
　「前、後ろ」と進む方法もある。しかし、前へ行き過ぎる子もいるので、元気な子がいるクラスでは要注意。

3　手拍子や足踏みを入れて歌う

　例えば、3のときに"three"と言わずに、手をポンとうつ、というように簡単な動きを入れる。子どもに大人気のパーツである。

| （1）　普通に歌う。 |
| （2）　3で手を打つ。 |
| （3）　さらに、5で足を足踏みをする。 |
| （4）　さらに、7で1回転する。 |

（1）　普通に歌う

　黒板に次のように書く。そして、1回普通に歌う。

| 1　2　3　4　5　6　7 |

（2）　3で手を打つ

　黒板に書いた「3」を消して、「手の絵」にかき換える。

| 1　2　手　4　5　6　7 |

　「手のイラスト」のところは、歌わずに手を叩く。
　教師がやってみせると、子どもはすぐに理解する。
　曲をかけずに、どの子もできるよう、少しゆっくりめに歌うと良い。

第1章　授業の準備をする

第1章 授業の準備をする

（3） さらに、5で足踏みをする

「5」を消して、「足の絵」にかき換える。

1　2　手　4　足　6　7

「足の絵」のところは、歌わずに片足で床を踏み、音を鳴らす。
「手」と「足」に気をつけながら、全員で歌う。

（4） 手・足・1回転ジャンプを使って歌う

（2） 手を使って歌うと同様に、「7」を「1回転のマーク」にかき換える。

1　2　手　4　足　6　1回転

「1回転のマーク」のところは、歌わずにくるっと1回転する。
「手」と「足」と「1回転ジャンプ」に気をつけながら、全員で歌う。
　慣れるまでは、曲をかけずに、ゆっくり歌う。
　慣れて来た頃に、曲をかけると楽しい。

4　数字を2から8までにして歌う

"Seven steps"の歌詞を「2～8」に変えて歌う。

2・3・4・5・6・7・8	2・3・4・5・6・7・8
2・3・4　　2・3・4	2・3・4・5・6・7・8
2・3・4　　2・3・4	2・3・4・5・6・7・8

5　逆に数えて歌う

"Seven steps"の歌詞を「7・6・5・4・3・2・1」の順に変えて歌う。

7・6・5・4・3・2・1	7・6・5・4・3・2・1
7・6・5　　7・6・5	7・6・5・4・3・2・1
7・6・5　　7・6・5	7・6・5・4・3・2・1

（井戸砂織）

（2）教材教具の準備
新法則化⑦　地図さえあればすぐできる英語の授業

　日本地図・世界地図をＡ３サイズでコピーし厚紙などに貼って、教室に置いておく。地図を使うメリットは次の2点である。

| メリット１　さっと取り出して使うことができる。
| メリット２　フラッシュカードに比べると、使い方が簡単である。

　日本地図や世界地図が使える主なダイアローグには、次のようなものがある。

① 　国名の単語練習
② 　世界のあいさつの練習（「こんにちは」"Hello." など）
③ 　Where are you from?
④ 　Where do you want to go?
⑤ 　Where have you been to～?
⑥ 　What is Aichi famous for?

このうち「世界のあいさつ」の授業例を紹介する。

　井戸砂織氏の追試である。
　組み立ては以下の通りである。

1　国名を練習する。
2　それぞれの国のあいさつを練習する。
3　1人ずつ言う。
4　どちらが早く言えるかゲームをする。
5　アクティビティをする。

第1章　授業の準備をする

第1章 授業の準備をする

1 国名を練習する
(1) 2回ずつリピートする
　世界地図の中の国旗を指さしながら、国名の言い方の練習をする。

T（教師）： Japan	C（子ども）： Japan
T： Japan	C： Japan
T： America	C： America
T： America	C： America
(T： 中国を指して、子どもに尋ねる顔をする)	
C： China!!	
T： That's right!!（答えた子どもを笑顔で思いっきりほめる)	
T： China	C： China
T： China	C： China
T： Kenya	C： Kenya
T： Kenya	C： Kenya

(2) 1回ずつリピートする

T： Japan	C： Japan
T： America	C： America
T： China	C： China
T： Kenya	C： Kenya
(T： 1つずつ国旗を指す)	
C： Japan, America, China, Kenya.	
T： Very good!!	

2 それぞれの国のあいさつを練習する
　次は、それぞれの国（日本、アメリカ、中国、ケニア）のあいさつを練習する。日本やアメリカでのあいさつは、子どもたちはすでに知っている。簡単に答えられる国から先に練習をする。

（1）　日本のあいさつの仕方を練習する

(T：世界地図の日本を指す)
T：In Japan,　こんにちは！　　C：こんにちは！
T：こんにちは！　　　　　　　　C：こんにちは！

（2）　それぞれの国のあいさつを考えさせた上で、リピートする

(T：世界地図のアメリカを指して)
T：In America?　　C：Hello!
T：That's right!!（答えた子どもを笑顔でほめる）
T：Hello!　　　C：Hello!　　　T：Hello!　　　C：Hello!
(中国を指さして、知っているかな？という顔をしながら)
T：In China....?　　C：ニーハオ！
T：Very good!!（答えた子どもを笑顔でほめる）
T：ニーハオ　　　C：ニーハオ
(ケニアを指さして、知っているかな？という顔をする)
T：In Kenya? .... ジャンボ！
(子どもが分からなかったら、教師が教える)
T：ジャンボ！　　　C：ジャンボ！

3　1人ずつ言う

T：（3人を指名して立たせる）One, two, three. Stand up.
T：（世界地図のアメリカを指しながら）In America?
C_1：Hello!
T：Very good!（答えた子どもを笑顔でほめる）
T：（世界地図の日本を指しながら）In Japan?
C_2：こんにちは！
T：O.K.!!（答えた子どもを笑顔でほめる）
T：（世界地図のケニアを指しながら）In Kenya?
C_3：ジャンボ！
T：Very good!!（答えた子どもを笑顔でほめる）

第1章　授業の準備をする

4　どちらが早く言えるかゲームをする

　子ども2人を立たせ、どちらが先に言えるかを競い合わせる。子どもたちはこの「バトル」が大好きである。

> （2人を指名して立たせる）
> T：Hiromi, stand up! Yuki, stand up! Hiromi VS Yuki. Ready?
> T：In Japan?
> C1：こんにちは！
> T：Very good!! 1point!!（早く言えた子に1ポイントあげる）
> T：In Kenya?
> C2：ジャンボ!!
> T：Good!! 1point!!

　教師が早く言えた子を瞬時に判断し、言えた方に1ポイントを与える。迷わず、瞬時に、自信を持って判断することが大切である。

5　アクティビティをする

　まず、教師がやってみせる。"In America." と言い、教師が相手を変え次々と"Hello!" "Hello!" とあいさつをしてみせる。もう1カ国でやってみせた上で、全員でスタートする。

> T：In America?（と言ってから教室を歩き、相手を見つけ）Hello!
> C1：Hello!
> 　（相手を変え、数人とあいさつをする）
> T：In Japan.（教室を歩き、別の1人を指名する）こんにちは！
> C2：こんにちは！
> 　（相手を変え、数人とあいさつをする）
> T：Everyone, talk to many friends!! In Kenya.　Ready go!!
> 　（子どもたち同士で「ジャンボ!!」とあいさつをする）
> T：O.K.!! Time is up!! Go back to your seat.
> T：Good job!!

（戸﨑恵）

（2）教材教具の準備

新法則化⑧　簡単！　楽しい！　面ファスナーを使った教材作り

　何度でも使え、いろいろな単語やいろいろなダイアローグに応用可能な教材がある。「面ファスナーを使った教材」である。

　ここでは、"Which do you want?"のダイアローグの授業に使える教材を紹介する。（井戸砂織氏の追試）

【準備物】
厚紙、面ファスナー（粘着テープ付き）、プリンター
※厚紙の代わりにコピー用紙をラミネート加工して使うこともできる。

【作り方】

①ワードやパワーポイントで（図1）のように作り、厚紙にそれぞれ黒で印刷する。（図1）（図2）

②次にカラーで印刷した厚紙から、4つのイラストをそれぞれ切り抜く。（図3）

③切り取った4つのカラーのイラストの裏面に、面ファスナーのループ面を貼る。（図4）

④白黒のイラスト表面に面ファスナーのフック面を貼る。（図5）

※カラーのイラストと白黒のイラストがぴったりと合うように面ファスナーを貼る。

⑤白黒のイラストに切り取った4つのカラーのイラストを貼って完成。（図6）

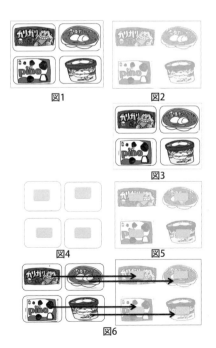

図1　図2

図3

図4　図5

図6

第1章　授業の準備をする

第1章 授業の準備をする

【使い方】

"Which do you want?"と聞き、選んだカードをはがして渡す。

完成図

【授業の流れ】

1　単語練習をする

2　状況設定をする

　買い物袋にアイスの箱を空にしたものを4種類入れておく。

　子どもに袋の中身を見せ、"What do you want?"と尋ね、選ばせる。

3　ダイアローグ練習をする

（1）答え方の練習

（2）尋ね方の練習

4　アクティビティ（グループごとに面ファスナーの教材を使って会話する）

（1）デモンストレーションをする

> T（教師）：Make groups of 4, and sit down.（4人グループを作って座りましょう）
> T：This group, stand up.（このグループ立ちなさい）
> 　　Everyone, look at this group.（みなさん、このグループを見なさい）
> 　　Leader, which do you want?
> C（子ども）（リーダー）：Which do you want?
> C₁：Häagen-Dazs, please.
> C（リーダー）：Here you are.（カードをはがして渡す）
> C₁：Thank you.
> （リーダーの子どもが他の2人の子どもにも尋ねてカードを渡す）

（2）アクティビティをスタートする

　T：One person, come here.（グループのうち1人来なさい）Here you are.（面ファスナーの教材をグループの代表の1人に渡す）Ready, set, go.

　※井戸氏はこの活動の後、同様に用意したおでん（大根、はんぺん、こんにゃく、もち巾着）、中華まん（肉まん、ピザまん、カレーまん、あんまん）の面ファスナーの教材を提示し、さらに盛り上がったと言う。

「教育トークライン」2010年2月号　井戸砂織氏論文の追試　　　　（成田容実）

第2章 授業を展開する

> （1）授業の進め方
> **新法則化⑨　授業の始めは、"Hello!"**
> **授業の終わりは、"That's all for today, good bye!"**

英会話授業に挑戦し始めたばかりの頃、疑問に思っていたことがある。
「授業の始めは、なんと言えば良いのだろう。」
「授業の終わりは、どうするの？」
「授業の始め」と「授業の終わり」の方法が分かっただけで、ぐんと授業がやりやすくなった。

> 授業の始めは、"Hello!"
> 授業の終わりは、"That's all for today, good bye!"

1　授業の始め

子どもの前に笑顔で立ち、元気良くあいさつをする。片手を挙げて、"Hello!" と言う。

①子どもからも元気な "Hello!" が返って来たら？

"Very good!!" と力強くほめる。

②小さな声だったら？

"Smile!" と言って教師がもっと笑顔で、もう一度、"Hello!" とあいさつ。さっきより少しでも大きな声が出たら、力強くほめる。"Very good!"

まだまだ暗い雰囲気、小さな声のときは、それでも、「ここに子どもたちがいるだけでよしっ！」と思えばよい。あくまで、教師が笑顔で！

2　授業の終わり

ここでも、とびっきりの笑顔で、片手を挙げて、"That's all for today, good bye!"

子どもたちも "Good bye!"

「今日も楽しかったね〜！」という気持ちを込めて、最後も笑顔で楽しい雰囲気で終えることが授業の終わりの大切なポイントである。

（井戸砂織）

第2章　授業を展開する

（1）授業の進め方
新法則化⑩　英会話授業は、机や椅子がない広い場所で行う

　子どもたちが英会話授業をより楽しみ、英語を話す力をつけるために、授業をする場所にもこだわりたい。

> 机や椅子がない空間で英会話授業を行う。

　英会話の授業では、教室を歩き、友だちと話す機会が多い。
　その活動をスムーズに行うためには、机や椅子のない（あるいは後ろに寄せた状態にし）、広い空間が必要である。
　例えば、アクティビティで、次のように指示をすることがある。

> Talk to 3 persons, and go back to your seat.
> （3人と話をして、元いた場所に戻りなさい）

　机と椅子がない空間で英会話の授業を行うと、子どもたちは積極的に友だちに話しかけていた。
　今まであまり話さないような相手とも話す姿が見られた。広い空間があるために、話しかけようと思っていた友だちが誰かと話していたら、その場所を移動し、違う友だちを探すことができるからであった。
　机と椅子がない特別教室を使えるのが望ましい。しかし、特別教室がない場合でも、教室の机を後ろに下げて、空間を作ることができる。

> 「机を後ろに運びます。床に、席の順番で座ります」

　机を後ろに運び、集合して床に座るまでを、日本語で指示をする。場が整ったら、英会話授業を始めると良い。

（木村理子）

（1）授業の進め方

新法則化⑪　フラッシュカードをめくるときは、子どもの目の高さに合わせる

　フラッシュカードをめくるときは、子どもの目の高さに合わせることが大切である。例えば、以下のようにする。

子どもが床に座っているときは、教師は椅子に座ってめくる。

　このことを私は向山洋一氏から学んだ。英会話セミナーでのことである。

　ビデオ審査の際に、ある先生が学級での英会話授業のビデオを見せた。フラッシュカードを立ってめくっていた。子どもが見づらそうにしていたことに私は気づかなかった。

　しかし、向山氏はすぐに気づき、「子どもの目線に合わせなければいけない」という話をされた。

　はっとした。

　その話を聞いてからは、椅子に座ってめくるようになった。

　床に座っている子どもとの距離もぐんと近づき、授業がよりやりやすくなった。

　私は、基本的に外国語活動のときは、机も椅子もない空き教室を使っている。

　空き教室が使えないときは、教室で机と椅子を後ろに下げて授業を行っている。

　サークルやセミナー等で授業をするときは、子役の先生方は、椅子に座っている。その場合は、立ってフラッシュカードをめくる。

　このとき、「男子だけ・女子だけ」のパーツなどで子役が立つことがある。そういうときは、フラッシュカードの位置をできるだけ高くして、カードが見えるようにしなければならない。

　「子どもにカードがよく見える」ということは、どの子も授業に参加させるために欠かせない。子どもにとって見やすいかどうかを、いつも意識したい。

（井戸砂織）

第2章 授業を展開する

（1）授業の進め方
新法則化⑫　可能な限り All in English で進める

　日本語を話す親から育てられた赤ちゃんが、最初に発する言葉は日本語である。生まれたときからずっと、朝から晩まで日本語を聞いていたからだ。よって、英会話の授業では、次のことを大切にしたい。

可能な限り、All in English で進める。

　まずは、たくさんの英語を耳から聴かせるのである。
　このことを校内研修で話すと、「私は英語が苦手だから無理だわ」とよく言われる。私も最初は無理だった。しかし、次の2つのポイントを意識することで、徐々に All in English の授業ができるようになっていった。

ポイント1　英語での指示は簡単かつ短いものでよい。

　英会話の授業を教室で始めた頃、どのように子どもたちに指示を出すのかが分からなかった。だから、市販の指導書を見たり電子辞書で調べたりしてから授業に臨んでいた。しかし、子どもたちにはほとんど通じず、混乱するだけだった。TOSS英会話と出会い、その訳が分かった。そういう類の指導書に載っている指示は、必要以上に長いのである。
　"Stand up." "Raise your hand." "Repeat." など、英語として成り立つ範囲で簡単かつ短く指示を出す。そうすることで、教室での混乱は激減した。

ポイント2　ジェスチャーを加える。

　英語の指示は、ジェスチャーを加えることでより分かりやすくなる。
　例えば、"Stand up." であれば、手のひらを上に向け、下から上に腕を挙げる。教師は分かりやすいように大袈裟なくらいの身振りをすることが大切である。
　子どもたちの聴く力や話す力を伸ばすためには、以上のような工夫をして、可能な限り All in English で授業を行うことをお薦めする。

（笹原大輔）

（1）授業の進め方

新法則化⑬　リズムよく、テンポよく進める

　子どもたちが話す力を身につけるためには、45分の授業にどれくらい集中させられるかがポイントである。そして、この集中力を持続させるために大切なことがある。

リズムとテンポ

　ここで言うリズムとテンポは速すぎてもいけないし、遅すぎてもいけない。大切にしたいのは次のことだ。

「心地良いリズムとテンポ」で進める。

　特に小学校の英会話授業では、少なくとも初期は、英語を書いたり、読んだりしない。「話す」「聞く」だけで進めていく。子どもたちが飽きないような様々な授業力や工夫が必要である。特に「心地良いリズムとテンポ」で45分を進めることができるかどうかは授業の成功に大きく影響する。
　「心地良さ」は、英会話授業に慣れていない学級と、慣れている学級とでは全く違ってくる。慣れていなければ、少しゆっくりの方が良い。慣れてくれば徐々にテンポを上げて授業する。
　例えば、次のことを井戸氏から学んだ。

フラッシュカード5枚の「2回→1回→0回」にかける時間は、基本的には「19秒」。
教師や子どもが英会話授業に慣れてきたら、19秒は遅く感じる。
「16秒」が心地良い。

　井戸氏のサークル例会では、動物のフラッシュカード5枚を使い、時間を計って授業の練習をしている。ポイントを押さえて練習すれば、最初は30秒かかっていた教師もすぐに20秒を切るようになるという。

第2章　授業を展開する

第2章 授業を展開する

心地良いリズムとテンポは、本を読んでも身につかない。
これらを身につけるためには、次のようなステップが必要である。

> ステップ1　セミナーやサークルで心地良いリズムとテンポの授業を体感する。
> ステップ2　自分も模擬授業に挑戦し続ける。
> ステップ3　自分の授業を授業の技量の高い人に批評してもらう。

ステップ1　セミナーやサークルで心地良いリズムとテンポの授業を体感する

　心地良いリズムとテンポを身につけるための第一歩は、授業の上手な人の模擬授業を受けることである。私が最初に英会話授業を受けたのが2006年サマーセミナーでの井戸氏の授業。明らかに自分とは違うリズムとテンポに驚いた。とにかく速いのだ。しかし、初心者の私でもいつの間にか話せるようになるぐらいの心地良さ。「どうしてあんなに速いのに分かりやすいのだろう?」次々に進んでいく授業展開に圧倒されたのを覚えている。

　その翌年の11月。どうしてもその秘密が知りたくて、意を決して「第18回 TOSS英会話セミナーin名古屋」に参加した。初めての英会話セミナー。そこで衝撃の事実を知った。それは、私がそのときメモしたノートに書いてある。

> ～井戸先生　サークル　700回以上模擬授業～

　つまり、井戸氏はその時点で英会話の模擬授業をサークルで700回以上していたのである。井戸氏の授業で感じる心地良いリズムとテンポは、まさに努力で身につけたものだったのだ。
　サークルでも英会話の模擬授業をしたことがなかった自分が、何ひとつ努力もしないであのレベルには到達することができないと思った。しかし、到達できなくても少しでも近づきたいと思った。

ステップ2　自分も模擬授業に挑戦し続ける

　早速、模擬授業の準備にとりかかった。と言っても最初はとにかく井戸氏の模擬授業の追試である。名古屋のセミナーで「TOSS英会話セミナー指導案・レジュメ集（1）井戸砂織編」を購入していたので、それをもとにして授業を準備した。
　最初に行ったのが、2006年のサマーセミナーで見た井戸氏の授業の追試である。

"Do you like bananas?" "Yes, I do. / No, I don't."

　一度見ていたので自信をもって例会で授業した。しかし撃沈。無駄な言葉が多く、指導案通りに全く追試できていなかった。心地良いリズムやテンポどころではなかった。まずは、指導案通りに授業しなければならないと思った。そして、次に気持ちを入れ替えて、以下のダイアローグに挑戦した。

"What kind of sushi do you like?" "I like uni."

　これは検定で行う授業だったということもあり、今でも授業ができるほど練習した。合計で124回。自己新記録だった。
　そして、この頃から、いろいろな先生に「笹原先生の授業はリズムとテンポがいいですね」と言われるようになった。これは、英会話のときだけでなく、学校の算数や国語の授業のときも同じである。

ステップ3　自分の授業を授業の腕の高い人に批評してもらう

　2007年以来、山形に住んでいる私は年に2回ほど愛知に行っている。井戸氏の心地良いリズムとテンポを再確認するためである。ときには授業を見てもらい、リズムとテンポのずれを指摘してもらう。そうすることで、自分の中に心地良いリズムとテンポが刻まれていく。授業の技量が高い人に見てもらうことは、自分を高めるためには必要不可欠である。

（笹原大輔）

第2章 授業を展開する

（1）授業の進め方
新法則化⑭ 「変化のある繰り返し」で進める

　漢字でも水泳でも、繰り返し練習することで覚えたり、できるようになったりする。これは、英会話授業でも同じである。話せるようになるためには、繰り返しの練習は欠かせない。
　「繰り返し練習をすると子どもが英語を嫌いになる」という声もあるが、それは「単純な繰り返し」で進める場合である。
　TOSS型英会話指導は、次のことを重視している。

「変化のある繰り返し」で進める。

　「変化のある繰り返し」の様子を、ダイアローグ練習の中の「答え方の練習」を例にとって紹介する。井戸砂織氏の"What's this?" "It's a dog."のテープおこしから分析する。
　下の一覧を見ると、型を身につけるために、「フラッシュカードをめくる枚数」とそれぞれの「繰り返し回数」まで決まっていることが分かる。このように基本の型がしっかりあるからこそ、授業が安定し、心地良いのである。

【答え方の練習の全体像】

	答え方の練習の流れ	フラッシュカードをめくる枚数	繰り返し回数
1	状況設定の中で、答え方を2回ずつ練習する	3枚	2回
2	教師に続いて答え方を1回ずつ練習する	4枚	1回
3	教師が尋ね、子ども全員が答える	4枚	0回（子どもだけで発話）
4	1人ずつ答える（One by one）	3枚（3人）	

1 状況設定の中で、答え方を2回ずつ練習する

　新出単語練習の次は状況設定である。この状況設定の中で「答え方の練習」を取り入れる。そうすることで、より自然な流れの中で「答え方の練習」をすることができる。準備物はフラッシュカード5枚（dog, cat, pig, cow, horse）

T（教師）：What's this?（一瞬見せる）	C（子ども）：Cat!	
T：That's right! It's a cat.	C：It's a cat.	
T：It's a cat.	C：It's a cat.	繰り返し2回
T：What's this?（縦のじわじわカード）	C：It's a dog.	
T：O.K. Very good! It's a dog.	C：It's a dog.	
T：It's a dog.	C：It's a dog.	繰り返し2回
T：What's this?（横のじわじわカード）	C：It's a pig.	
T：It's a pig.	C：It's a pig.	
T：It's a pig.	C：It's a pig.	繰り返し2回

ポイント　①パーツの切れ目がないようにスムーズに練習に移行する。
　　　　　　②「これ何？」と本当に聞いているように尋ねる。
　　　　　　③次々とテンポ良く進める。速くなりすぎないようにする。
　　　　　　④最初に"Cat!"と最初に言った子どもを、力強くほめる。

2 教師に続いて答え方を1回ずつ練習する

　状況設定では3枚を2回ずつ練習した。ここでは、4枚を1回ずつ練習する。

第2章　授業を展開する

第2章 授業を展開する

3 教師が尋ね、子ども全員が答える

ここでは、子どもたちはリピートするのではなく、教師から尋ねられたことにカードを見ながら答える。

T : What's this?　C : It's a pig.
T : What's this?　C : It's a cow.
T : What's this?　C : It's a horse
T : What's this?　C : It's a cat.

繰り返しではない

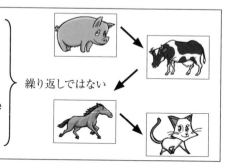

ポイント 余分な言葉を削り、いきなり教師が尋ね、子どもが答える練習に移行する。最初はゆっくり、後でスピードを上げると良い。

4 1人ずつ答える（One by one）

3人程度をその場に立たせ（学級では1列全て立たせると分かりやすい）、教師から尋ねられたことに、一人ひとりがカードを見ながら答える。

T : One, two, three stand up.
　　One by one.
T : ○○, What's this?
C : It's a cat.
T : Good! Sit down. What's this?
C : It's a dog.
T : Good! What's this?
C : It's a pig.
T : Very good!

ポイント
① 1人ずつ練習することを理解させるために、1人目の子どもの名前を呼んでから、尋ねる。
② 1人目の子どもには座るよう指示を出す。それ以降は出さなくても良い。
③ 発話した子全員を力強くほめる。

（笹原大輔）

（２）授業開き
新法則化⑮　「なぜ英語を学ぶのか」を話す

　４月、英会話授業の１時間目に必ず実施したいことがある。

「なぜ英語を学ぶのか」を子どもたちに話す。

　これを話しておくのとそうでないのとでは、子どもたちの英会話授業への積極度が大きく変わる。
　私は、伴一孝氏の語り（第28回TOSS英会話セミナー　伴一孝氏の模擬授業）を参考にして、以下の語りを授業開きで行っている。

　日本の人口は、今後どうなっていきますか。（減ります）。どのくらい減りますか。2035年に人口が最も減ると言われています。現在の約半分です。人口が減ると、みんなの生活はどうなりますか。働く人が減り、税金を払う人も減ります。すると、生活水準が低くなります。今のままの生活水準を保つためには、どうしたら良いですか。
　海外でお金をかせぐしかありません。これから市場が大きくなる国は分かっています。どこだと思いますか。ベトナムを中心とした東南アジア圏は、2040年にかけて市場が大きくなります。2050年にかけては、インドです。みんながお父さんやお母さんの年になったとき、経済が底をつく日本という市場でがんばり続けるというのなら、日本語だけでいい。しかし日本という国でかせぎ出すことができるお金は、今の半分くらいになる。家の大きさも、食事の量も、お小遣いも、全て半分です。それで良いですか。（絶対にだめ）。
　国家としても、今の半分の経済規模になったとき、どのような非常事態が起こるのでしょうか。１番の心配は、治安が悪くなるということ。泥棒、殺人、犯罪によって、お金を得ようとする人が山ほど出てきます。日本語だけでやっていたとしたらです。だから今から英語を勉強して、大人になる頃には、アジアで仕事をする。アジアなら、市場がある。そこに出て行ったときに、共通語は１つしかない。英語だけです。だから、世界の国々は、小学校のとき

第2章　授業を展開する

> から、英語を学んでいるのです。そんなことは、誰も言っていないじゃないかと思うかもしれないけれど、このことをみんなに言うと、パニックになる。だから、ごく一部の人が知っている。それをみんなには伝えたいと思ったのです。
> 　今から、英語の授業を始めます。

　この語りを始めると、子どもたちの表情がどんどん真剣な表情に変わっていくのが分かる。語りの最中にも、「え!?」「それはまずい!」と子どもたちがつぶやく。以下は、授業後の子どもの感想である。

> 　自分が大人になる頃には、英語が絶対に必要なのだと分かり、とても焦りました。今からしっかりと英語の授業で学んで、将来英語で仕事ができるようになりたいです。

「ただ単に英語の授業を受ける」という受動的な意識から、「英語をしっかり学んで話せるようになりたい」という能動的な意識へと変化したのが分かる。
　授業をする際には、語りだけではなく、コンテンツ画面を提示しながら行うとより効果的である。以下、コンテンツの主な画面である。

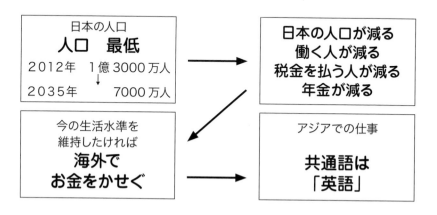

　子どもたちの意欲はいつまでも続くわけではない。数カ月すると発話の声が小さくなったり、ふざけたりする子が出てくることがある。
　そういったときは、再度この語りを行うと良い。

（南達也）

（２）授業開き

新法則化⑯ 「英会話授業で大切な５つのこと」を４月に教える

　いつもは日本語を話している子どもたちにとって、英語を話すことは楽しくもあり、不安でもある。英会話の学習において、何を大切にして頑張れば良いかを知ることで、安心し、目標を持って学習に取り組むことができる。

英会話授業で大切な５つのことを４月に教える。

　英会話授業で大切な５つのことは、井戸砂織氏から教わった。
　以下の５点について、４月に子どもたちに話す。そして、「なぜ、それが大切か」という趣意説明も、学年に応じて短く話す。

１　笑顔

　英会話授業で大切なことは５つあります。
（「今日はそのうち３つ話します」というように一度に話す内容を限定してもよい）
　まずは「笑顔」。笑顔で話をするととっても楽しくなります。みんなの脳は、楽しいことを覚えようとするので、英語がよく覚えられるようになります。また、英語の時間は、人とのコミュニケーションの仕方を学ぶ時間でもあります。笑顔で会話した方が楽しいですよね。

　英会話授業では、笑顔で参加している子を"Good smile!"とほめる。
　笑顔でいるだけでもほめられるのだから、子どもたちの自己肯定感はぐっと上がる。

２　大きな声で発話する

　２つ目は「大きな声」です。大きな声で英語を話すことで、自分の声が耳から聞こえます。そうすると、耳と口で英語を覚えるようになり、英語がよく覚えられます。
　自分で話してみることで、「あれ？　先生の発音と違う」と気づくこともできます。気づくと次の発話のときに修正することができます。声に出して言ってみて、

第2章　授業を展開する

> 間違いに気づいて修正する。そうやって英語を覚えていくのです。

3　積極的に挑戦する

> 　先生は英会話授業の中で"Any challenger?"と聞きます。そのときにさっと手を挙げてどんどん挑戦すると良いです。人よりも1回でも多く声に出して練習する。そのような積極的な気持ちが英会話を身につけるために大切です。挑戦することで、心が強くなり、度胸がつきます。実際に外国の人と会いお話をするときも、堂々と話せるようになります。

4　よく聞く

> 　4つ目は「よく聞く」ことです。英語は、日本語にはない音を発音します。先生の発音をしっかりと聞いて、先生の発音と近くなるように話しましょう。特に、ALTの〇〇先生が来てくださるときは、本物の英語が聞ける絶好のチャンスです。〇〇先生の発音をよく聞いて、〇〇先生のまねをして話してみましょう。

5　アイコンタクト

> 　最後に「アイコンタクト」。人と話をするときに、相手の目を見て話すことはとても大切です。目を見て話すと、自分の気持ちも相手に伝わりやすくなります。

　この5つを身につけさせるために、2つの手立てが考えられる。

> 1　5つの観点に沿って、授業中にほめる。
> 2　授業後に自己評価させる。

　笑顔の良い子は"Smile good!"、声の大きい子は"Big voice!"とほめる。
　また、「振り返りカード」などに1～5について自己評価させる。井戸氏は授業の感想とともに「◎〇△」で自己評価させていた。
　このように、教えるだけでなく、教えた後も意識させるからこそ英語が身についていくのである。

（荻野珠美）

（2）授業開き

新法則化⑰　中学年の授業開きはこれだ！
体を動かす活動を多く取り入れる

　中学年（3、4年生）の授業開きで大切なのは、「英語って楽しい」「また、英語やりたい」と子どもに感じてもらうことである。そのためのポイントは、以下の3点である。

① 子どもが知っている英単語を使う。
② 体を動かす活動を行う。
③ ゲームを行う。

【指導の流れ（45分）】

1　あいさつをする。
2　身の周りの単語を練習する。
3　ラインゲームをする。
4　英語を聞いて、体を動かす。
5　色の単語を練習する。
6　自己紹介をする。
7　五色英語かるたをする。
8　あいさつをする。

【準備物】

フラッシュカード
（赤、青、黄、緑、白、黒）

「五色英語かるたⅡ」
（東京教育技術研究所）

第2章 授業を展開する

1 あいさつをする

笑顔であいさつをする。

T（教師）：Hello.　　C（子ども）：Hello.　　T：Very good.
（声が小さい場合はもう一度行う）
T：Hello, everyone.　C：Hello.
T：Hello, everyone. Hello, Mr./Ms. ○○.
　　（子どもたちに言うようにジェスチャーで示す）
T：Hello, everyone.　C：Hello, Mr./Ms. ○○.

---

2 身の周りの単語を練習する

　身の周りにあるもの（pen, book, desk）を使って、指さしながら2回→1回→0回でリピートをする。
　その後、次のことを行う。

ランダムに物（ペン、本、机）を指し、練習させる。

---

3 ラインゲームをする
（1）教室をグループに分ける

```
　　　　　　　　黒　　板
　　　グループA　　グループB
　　　① ② ③ ｜ ④ ⑤ ⑥
　　　○ ○ ○ ｜ ○ ○ ○
　　　○ ○ ○ ｜ ○ ○ ○
```

（2）先頭の横1列の6人（①～⑥）を立たせる

T：First line, stand up.
T：（本を指さして、Bookと言うようにジェスチャーをする）
T：Book.　T：Very nice!（早く答えたグループに）One point.

　早く言えた子どもを大いにほめて、ジェスチャーでポイントが入ることを理解させる。

(3) ゲームを始める

> T：（3つのうち1つを指す。例えば、ペン）　C：Pen.
> T：Very good. One point.（ポイントは黒板に書く）
> 　（1列目の子どもに）Sit down.
> 　（2列目の子どもに）Stand up, second line.

　同じようにして、最後の列まで行う。次に、上記2～3のステップで、別の単語に変えて行う（例えば、door, light, chalk など）。

4　英語の指示で、体を動かす
(1) ジェスチャーをしながら、英語で指示をする

> T：Stand up.　　　　T：Sit down.

　初めはゆっくり教師が言う。早く動けた子どもをほめる。

(2)「座れ」のジェスチャーで"Stand up."という指示を出す。

> （「座れ」のジェスチャーで）T：Stand up.

　ジェスチャーを見て、座る児童もいる。座った児童には、笑顔で"Stand up."と言う。また、逆に「立て」のジェスチャーで"Sit down."と言うと間違える子どももいる。

(3) 教師は様々な指示を出す。

> T：Stand up.　　T：Jump.　　T：Stop.
> T：Skip.　　　　T：Stop.　　T：Run.　　T：Stop.

　動いている途中で、ストップをかける。子どもは瞬間で止まらなければいけないので、様々なポーズになり、楽しい雰囲気が生まれる。

5　色の単語を練習する
(1) フラッシュカードを使って、単語練習をする

> red, blue, yellow, black, white, green の6色を2回→1回→0回の流れで練習をする。

第2章　授業を展開する

（2）英語の指示を聞き、ものにさわる

```
T: Touch something red.    T: Very good.
```

早く赤色のものにタッチした子どもをほめる。慣れてきたら、pink, silver, gold など色を追加する。

6　自己紹介をする

"I'm 〜." の練習をする。簡単なものから少しずつ表現を増やす。

（1）教師と子どもで自己紹介のモデルを示す

```
T: Hello.     C: Hello.
T: I'm ○○.   C: I'm □□.（子どもがつかえた場合はフォローする）
```

（2）教師の後について繰り返す

```
T: I'm.   C: I'm.   T: I'm.   C: I'm.
T: I'm ○○.   C: I'm □□.
```

（3）デモンストレーションと（4）アクティビティをする

子ども1人を指名し、教師とデモンストレーションを行う。

```
T: Hello.   C: Hello.   T: I'm ○○.   C: I'm □□.
T: Bye.     C: Bye.     T: Make pairs. Ready, set, go.
```

（4）発表する

数名のペアに発表させ、大いにほめる。

以上のようなステップで、年齢（I'm 〜.）、好きなもの（I like 〜.）、嫌いなもの（I don't like 〜.）の表現も今後、少しずつ追加する。

7　五色英語かるた（Ⅱ）（色の札）を行う

色の口頭練習は5の活動で既に行っているので、いきなりかるた取りに入る。

（1）かるた取りの準備をする

```
（各ペアに色札の分だけ手渡す）
T: This is Karuta.
```

（カードを広げるように、ジェスチャーをする）Ready.

やることが明確なので、簡単な説明で子どもは準備ができる。

（2）かるた取りゲームをする

T： Red.　　C：（赤札を取る）　T： Black.　　T：（黒札を取る）
（もし同時だった場合は）
T： Draw. 引き分け。Do the rock - paper - scissors.
（1人ジャンケンをして、勝ち負けを示しながら）
　　　Winner, get a card.

　同じ対戦相手だけだと飽きてくるので、2～3回終わったら対戦相手を替えても楽しい。

8　あいさつをする

T： That's all for today.
（教師があいさつの見本を1人で行う）
T： Good-bye, class.　Good-bye, Mr./Ms. ○○.
T： Good-bye, class.
（子どもたちに言うようにジェスチャーで示す）
C： Good-bye, Mr./Ms. ○○.（声が小さい場合はもう一度行う）

「身近な単語のリピート」「ラインゲーム」「自己紹介」の楽しい活動は田上善浩氏の追試である。

（清水陽月）

第2章 授業を展開する

（2）授業開き
新法則化⑱　5年生の授業開きはこれだ！
「できる！」「楽しい！」の連続で組み立てる

　5年生の授業開き。失敗を恐れる気持ちが強い時期でもある。大切なことは、「できる！」「楽しい！」の連続となるように、授業を組み立てることである。

　そのために、次の点を大切にする。

① 　フラッシュカードを使い、10個のパーツ（83頁）で楽しく単語練習をする。
② 　自己紹介文を少しずつつなげて、会話の楽しさを味わわせる。
③ 　教師が笑顔で楽しそうに授業をし、子どもをたくさんほめる。

【指導の流れ】（45分）

1　笑顔で、"Hello!" のあいさつをする。
2　自己紹介（1）をする。
3　食べ物のフラッシュカードをする。
4　自己紹介（2）をする。
5　「なぜ、英語を勉強するのか」を話す。
6　授業で大切なことを話す。
7　動物のフラッシュカード（動物）をする。
8　五色英語かるたをする。
9　数の単語練習をする（黒板に数字を書く）。
10　"Seven steps" を歌う。
11　終わりのあいさつをする。

【準備物】

① 　食べ物のフラッシュカード
② 　動物のフラッシュカード
③ 　五色英語かるた（動物）
④ 　英語の歌のCD（Seven steps）が入っているもの

1 笑顔で、"Hello!" のあいさつをする

まずは、教師が片手を挙げ、元気にあいさつをする。

```
T（教師）："Hello!"　C（子ども）："Hello!"
```

子どもが同様に "Hello!" と答える。

ここは、必ずほめる。

子どもたちの声が大きければ、「すごい!」という気持ちで、大袈裟にほめる。

```
T："Very good!"
```

子どもたちの声が小さくても、英語を発したのだから、「それでいいんだよ。よく言えたね。すごい!」という気持ちで、"Good!!" とほめる。

また、笑顔が良い子、声が大きい子などがいたならば、名前を挙げてほめる。

```
T："Big voice, good!"
　　"Smile, good!"
```

2 自己紹介（1）をする

ここでは、まず、以下の自己紹介を練習する。

A：Hello!	B：Hello!
A：I'm Saori.	B：I'm Taro.
A：Nice to meet you.	B：Nice to meet you, too.

今では、低学年や中学年から英会話の授業を行っている学校が多い。この程度の自己紹介はおそらくやったことがある子どもが多いだろう。

まず、教師と子ども全体でやってみる。

次に、教師が3～4名の子どもと1対1でやってみる。

第2章 授業を展開する

1人ずつ力強くほめる。

言えないときは、教師が小さな声で言い方を教える。それで言えたら、同じように力強くほめる。

「とにかく英語を発したら、ほめられる!」と思わせることが大切である。

自己紹介の流れが分かれば、教室を自由に歩かせ、ペアで自己紹介をさせる。

教師も子どもに自分から積極的に話しかけ、楽しく自己紹介をする。

数分したところで、"Go back to your seat!" と言い、自分の席に戻らせる。

"Any challengers?" と尋ね、挙手した子ども2人を前に出し、みんなの前で自己紹介をさせる。みんなの前に出すことで、楽しい雰囲気になる。

前に出てきた子を力強くほめることで、「ぼくも今度は前に出たい」という思いをもたせることができるようにする。

後半、さらにもう一文増やす。

I'm from Kochi.

出身地を言うのである。

4月の出会いのときに、「先生は高知で生まれました」と日本語で自己紹介していれば、「高知」という言葉で子どもたちは直感で、「あ、先生の生まれたところを言っているんだな」ということが分かる。

外国籍の子がいるのであれば、国名でもよい。

3 食べ物のフラッシュカードをする。

フラッシュカードは、83頁の10パーツで、子どもたちを巻き込み、熱中させる。

4 自己紹介（2）をする

さらに、ここで、自己紹介文をもう一文増やす。

I like sushi.

このような会話になる。5往復の自己紹介である。

A : Hello!	B : Hello!
A : I'm Saori.	B : I'm Taro.
A : Nice to meet you.	B : Nice to meet you, too.
A : I'm from Kochi.	B : I'm from Aichi.
A : I like sushi.	B : I like curry and rice.
A : Bye!	B : Bye!

まずは、"I like"の表現をリピート練習する。

そして、自分が好きなものを入れて言わせる。

慣れてきたら、全部をつなげて練習する。まずは、教師対子ども全員で練習した後、教師対1人、ペアで練習、教室を自由に歩いて自己紹介し合う、などと変化をつけて練習する。

5つの文が難しければ、ここでは、"I'm from ～."はカットすると良い。

5 「なぜ、英語を勉強するのか」を話す

ここは、長崎の伴一孝氏の語りを追試する。(43～44頁参照)

6 授業で大切なことを話す

1年を通して英会話授業で大切なことは、5つある。

「笑顔」「大きな声で話す」「積極的に挑戦する」「よく聞く」
「アイコンタクト」

子どもの実態に応じ、このうち、2～5つを話す。(詳細45～46頁)

4月にこのようなことをしっかり教えておくことが大切である。

教えっぱなしではいけない。できたときには、ほめる。

7 動物のフラッシュカードをする

ここでは、動物のカード5枚を使って、10パーツを練習する。

第2章 授業を展開する

第2章 授業を展開する

8　五色英語かるたをする

7で覚えた単語をかるたで習熟させる。（詳細は22〜23頁）
基本的な流れは、以下である。

（1）　3人組を作る。
（2）　うち1人がかるたを取りに来る。
（3）　かるた取りゲームを教師主導で行う。
（4）　かるた取りゲームを3人組で1人が読み手になって行う。

9　数の単語練習をする

黒板に、「1　2　3　4　5　6　7」と書き、数字の単語をリピート練習する。

フラッシュカードと同じく、「2回ずつリピート」→「1回ずつリピート」→「子どもだけで言う」という流れで行う。

さらに、教師が指した数字を言う、2人組でバトルする、など、ゲーム性を取り入れ、楽しく練習する。

10　"Seven steps"を歌う

まずは、音楽をかけずに、教師が黒板の数字を指しながら、歌って聞かせる。それから、一緒に歌う。慣れてきたら音楽をかけて歌う。

さらに、数字に合わせて、右に移動、左に移動など動きを付けると楽しい。（24〜26頁参照）

11　終わりのあいさつ

最後のあいさつは、これ！

That's all for today. See you, next week!

笑顔で明るく終えよう。

（井戸砂織）

（2）授業開き

新法則化⑲　6年生の授業開きはこれだ！
既習事項を組み合わせ、自信を持たせる

　6年生の授業開きでは、次の3点に留意して、授業を進めたい。

① なぜ英語を学ぶのか、英語の学び方を教える。
② 楽しい活動、できる活動を設定する。
③ できたことをほめる。

　以下に、45分間の展開例を述べていく。

1　なぜ英語を学ぶのかを教える。
2　英語の学び方を教える。
3　自己紹介をする。
4　"How are you?" "I'm fine." の復習をする（仲間集めゲーム）。
5　「Hi,friends! 2」Lesson 1 の単語練習をする。
6　子どものがんばりをほめる。

【準備物】
　フラッシュカード（fine, cold, hot, hungry）
「Hi, friends! 2」のDVD

1　なぜ英語を学ぶのかを教える

　英語を学ぶ意味が分かってこそ、前向きな姿勢で様々な活動に向かうことができる。高学年には、10年、20年後の日本の姿など将来の生き方に関することを取り上げて、英語を学ぶ意味を伝えたい。詳細は、「なぜ英語を学ぶのかを話す（南達也）」（43～44頁）を参照いただきたい。

2　英語の学び方を教える

　テニスや野球などのスポーツには、正しいフォームを身につけるための練習の方

第2章 授業を展開する

法がある。書道やそろばんも同様である。何かを身につけていく過程には、正しい方法が存在する。よって、英会話の授業で、英語を話せるようになるためには、正しい学び方がある。向山浩子氏は、2つの学び方を示している。その要旨は次のようである。

① 大きな声で発話すること
② 間違いを恐れず挑戦すること

これらについて、分かりやすく伝えたい。

 英語が話せるようになる学び方があります。
 英語が話せるようになるためには、脳の中に英語を話すための仕組みをつくる必要があります。そのために、大切なことが2つあります。1つ目は、大きな声を出すことです。相手の言葉をしっかり聴いて、意味を理解しながら、しっかり声を出して答えたときに、脳の中に英語を話すことができる仕組みができます。だから声を出さないといけないのです。2つ目は、間違えを恐れずに挑戦することです。最初は、だれでも間違えます。間違いに気がついて修正していくから正しい英語を覚えていくのです。

3 自己紹介をする

最初は、楽しく、だれでもできる活動から始めたい。
そこで、3文の自己紹介を行う。3文ではあるが、自分の名前や簡単な言葉なので、だれでもできるであろう。

(1) 教師と一緒に練習をする

まず、教師とクラス全員で自己紹介の練習をしてみる。

T(教師): Hello!	C(子ども): Hello!
T: I'm Masahiro.	
I'm....?(子どもたちに促す)	
C: I'm Hanako.(子どもたちは、一斉に自分の名前を言う)	
T: Nice to meet you.	
C: Nice to meet you, too.(ここは、教師も一緒に発話する)	

(2) 教師と子どもで会話の例示をする

続いて、教師が、3名の子どもを指名して、会話の例示をする。

---

①1人目

T： Taro, Stand up!　　T： Hello!　　　C： Hello!

T： I'm Masahiro.　　　C： I'm Taro.

T： Nice to meet you.　 C： Nice to meet you, too.

T： Very good!

②2人目

T： Ken, Stand up!　　 T： Hello!　　　C： Hello!

T： I'm Masahiro.　　　C： I'm Ken.

T： Nice to meet you.　 C： Nice to meet you, too.

T： Very good!

③3人目も同様に進める

---

(3) 友だち同士での会話の仕方を例示する

続いて、友だち同士で会話をするために、次のように指示をする。

T： (教師と例示をした3人を指しながら) 1, 2, 3 persons.
　　(再度、会話内容を示す) Hello. Hello. I'm 〜. I'm 〜.
　　Nice to meet you. Nice to meet you, too.

T： Talk with 3 persons and go back to your seat.
　　Ready, set, go!

ここで、子どもたちが会話を始める。

教師は、先ほど教えた「大きな声」「間違えを怖れずに挑戦すること」をポイントに、子どもたちの活動を見るとよい。

全員が、席に戻ったら、「Any challengers?」と言って、挑戦者を募る。2名を指名して、前で挑戦させる。

この時、まず、「Challenge, very good!」と挑戦したことをほめる。大きな声で会話ができていれば、「Big voice, very good!」とほめる。

第2章　授業を展開する

第2章　授業を展開する

4 "How are you ?" "I'm fine." の復習をする

"How are you ?" "I'm fine." は、1年間を通じて活用するダイアローグである。したがって、最初の時間に指導をしておきたい。このダイアローグは、5年生「Hi, friends! 1」で学習済みであることから、単語の復習をした後に、仲間集めゲームをして楽しみたい。

(1) 単語練習をする　(fine, cold, hot, hungry)

①教師に続いて2回ずつリピートする

T : fine	C : fine	T : fine	C : fine
T : cold	C : cold	T : cold	C : cold
T : hot	C : hot	T : hot	C : hot
T : hungry	C : hungry	T : hungry	C : hungry

②教師に続いて1回ずつリピートする

T : fine	C : fine
T : cold	C : cold
T : hot	C : hot
T : hungry	C : hungry

③子どもだけで言う

| C : fine | C : cold | C : hot | C : hungry | T : Very good! |

フラッシュカードを使って、単語練習をする。

(2) ダイアローグの復習をする

①教師と全体で

T : I'm fine. Everyone, How are you?　I'm....?（子どもたちに促す）
C : I'm fine!!（子どもたちが、口々に答える）

②教師と子ども1対1で

T : ○○さん、Stand up. How are you?
C : I'm hot.　　　T : Very good!
T : ○○さん、Stand up. How are you?
C : I'm fine.　　　T : Very good!

③教師と全体で

T : Everyone, How are you?
C : I'm fine!!（子どもたちが、口々に答える）
T : O.K. Very good!

（3） 仲間集めゲームをする

「仲間集めゲーム」とは、自分と同じ回答をする友だちを集めていくゲームである。

① 教師と子どもで例示をする

T : ○○さん、Hello!   C : Hello!
T : How are you?   C : I'm fine.
T : I'm fine.   C : How are you?
T : I'm hungry. Bye!   C : Bye!
T : ○○くん、Stand up! Hello! C : Hello!
T : How are you?   C : I'm hungry.
C : How are you?   T : I'm hungry!
    "Hungry"and "Hungry", team!「仲間！」Yeah!「仲間探しゲーム！」
    O.K.? Stand up! Ready, set, go!
C :（子役が歩きまわって、会話をする）

　教師と指名をした子どもとで例示をする。まず、答えが違ったら、仲間になれないことを教えて、続いて、答えが同じだったら仲間になることを教える。ゲームの時間は、2分程度である。

② 確認をする

T : Everyone, stop and sit down.
　　（1つのグループを立たせる）O.K. Stand up, please!
　　Ask them.
C : How are you?   C : I'm hungry.（グループ全員が答える）
T : O.K. Sit down.
　　（他のグループを立たせて）Stand up. Everyone, ask them!

第2章　授業を展開する

第2章 授業を展開する

```
C: How are you?         C: I'm sleepy.
T: O.K. Sit down.（他のグループを立たせて）Stand up, please! 1, 2.
C: How are you?         C: I'm fine!
T: Very good!（他にもグループがある場合は、続けて尋ねていく）
```

　それぞれにできたグループに対して、子ども全員で尋ねていきながら、どのような仲間が集まっているのかを確認していく。

5　「Hi, friends! 2」Lesson 1 の単語練習

　次の時間からは、「Hi, friends! 2」Lesson1を扱う。事前に単語練習をしておくことで、スムーズに授業をスタートすることができる。電子黒板などで、動物園の挿絵を提示して練習をする。

```
T:（猿を指して）              C: Monkey!
T: That's right!  monkeys.   C: monkeys
T: monkeys                   C: monkeys
```

　このように教師が、動物を指さして、子どもに答えさせる。言えたことをほめて、教師に続いて復唱させる。この場合は、複数形になるので、複数形の言い方を教えていくことになる。残りの動物も同様に進める。
　一通り終わったら、子どもたちだけで言わせる。
　様々なバリエーションで、楽しく単語練習を進めたい。

6　子どものがんばりをほめる

　授業の最後は、子どもたちのがんばりをほめる。特に「大きな声」「間違えを恐れずに挑戦したこと」については、大いにほめたい。
　第1時間目に、子どものやる気を十分に引き出し、1年間のスタートダッシュにふさわしい時間にしたい。

（小井戸政宏）

【参考文献】向山浩子『TOSS 英会話はなぜ伝統的英語教育から離れたか』（東京教育技術研究所）

(3) 45分の授業の組み立て

新法則化⑳ 「45分＝約5分×9パーツ」で組み立てる

英会話授業は短いパーツで組み立てる。
TOSS代表の向山洋一氏は次のように述べる。

> どれほど楽しいことでも、同じことを続けるとあきてくる。
> 場面の転換はことのほか大切だ。
> 5分くらいで完結するパーツが、次々とくり出されるのがいい。
> 　　　　　　『TOSS英会話の授業づくり』創刊号・巻頭論文（明治図書）

英会話授業のパーツには、たとえば次のようなものがある。

	パーツ	説　明
1	始めのあいさつ	Hello. How are you? など。
2	歌	Seven steps, Head shoulder など。
3	自己紹介	I'm (名前). I'm (年齢). など。
4	復習	前時までに習ったダイアローグを使って会話する。
5	新出単語練習	フラッシュカードで本時の単語を練習する。
6	ダイアローグ練習	ダイアローグの口頭繰り返し練習をする。
7	アクティビティ	アクティビティをする。
8	ゲーム	ゲームをする（毎時間しなくてもよい）。
9	スキット	"Excuse me?" "Yes?" など、短くやさしく動きのあるダイアローグを練習する。
10	本日の復習	本時に学習した単語などを発話する。
11	ALTタイム	ALTがT_1として行うパーツ。
12	退場行進	音楽に合わせて子どもは荷物を持って並び、教室の入口で教師の持つタンバリンを順番に打って、教室から出ていく。

これらのパーツを組み合わせて45分の授業を組み立てる。

（荻野珠美）

第2章 授業を展開する

（3）45分の授業の組み立て

新法則化㉑　大きく分けて45分を3つのまとまりで考える

　外国語活動の授業は、3つのまとまりで考えると授業がしやすくなる。

　大きく45分を3つに分け、それぞれで何をするのか大体の見当をつけておく。

　本時については、何に力を入れて指導するかで、細かな内容や時間配分を決めればよい。

| 始　め（15分）あいさつ・復習など |
| 中　間（15分）新出ダイアローグ指導 |
| 終わり（15分）応用など |

《始め》　あいさつ・復習など

　《始め》は、子どもにとって特に「楽しいこと」「できること」で組み立てる。そのために、例えば、4月や5月ぐらいであれば元気に"Hello!"から入り、あいさつや自己紹介、ゲームなどをするとよい。

《中間》　新出ダイアローグ指導

　《中間》は、メインの部分である。指導法は三構成法。「単語練習　→　状況設定とダイアローグの口頭練習　→　アクティビティ・ゲーム」という流れでダイアローグを学んでいく。変化をつけ、テンポよく練習するとともに、子どもたちが楽しく活動できるよう状況設定やアクティビティを工夫する。

《終わり》　応用など

　《終わり》では、習ったことを組み合わせての4～6文指導などの応用にチャレンジさせる。また、この他にもフラッシュカードを用いた次時の新出単語練習をしたり、評価をする時間をとったりするのもよい。

（笹原大輔）

（4）単語練習の進め方

新法則化㉒　フラッシュカードは、「持ち方」「めくり方」「めくる位置」を覚えると安定する

　TOSS英会話代表井戸砂織氏は、フラッシュカードの操作の基本は、次の3つであると述べている。

基本1	持ち方	
基本2	めくり方	『TOSS英会話セミナー指導案・レジュメ集（1）
基本3	めくる位置	井戸砂織編』（東京教育技術研究所）74頁より引用

　この3つを身につけることは、英会話の授業をリズム・テンポ良く展開していくために欠かせない。

基本1　持ち方

　利き手で、フラッシュカードの上を持つ。反対の手で、フラッシュカードの下を支える。（写真1）

　右利きの場合、右手でフラッシュカードの上を、左手で下を支えることになる。その際、イラストが隠れないように注意する。

　裏から見ると、（写真2）のようになる。左右どちらの手も、親指をフラッシュカードの裏面に当てて支える。

写真1

ポイント1	カードのイラストを手で隠さないようにする。
ポイント2	カードを安定させて、ずれないように支える。

写真2

第2章 授業を展開する

基本2　めくり方

　フラッシュカードは後ろから前へとめくる（紙芝居と反対になる）。また、横からではなく、真上に持ち上げてから、前側にすとんと置くようにする。

【前から見た写真】

①絵を隠さないように支える。

②後ろから前にめくる。

③前側にすとんと置く。

※支えているカード（上の場合「さる」）の上部ぎりぎりを、次のカード（上の場合「ライオン」）が通過するようにめくる。できる限り、カードが移動する距離を短くする。

【後ろから見た写真】

①裏は、親指で支える。

②カードを真上に上げる。

③前側にすとんと置く。

※裏側は、常に親指で上下のカードを支える。

　フラッシュカードの裏（上部）にセロハンテープを貼ると、親指にカードが引っかかるので、めくりやすくなる。

カード裏面

また、フラッシュカードは、東京教育技術研究所のフラッシュカードがお薦めである。厚手でめくりやすい。自分で作成するときには、「スワン紙」という厚紙に印刷するとよい（18頁参照）。

ポイント1	後ろから前にめくる。
ポイント2	カードが最短距離を通るようにめくる。
ポイント3	めくったときに、カードが上下にぶれないように、下の手を固定してめくる。

基本3　めくる位置

　フラッシュカードと教師の口の動きが、同時に、どの子どもからも見える位置でめくることが大切である。そのために、特にフラッシュカードを持つ「手の位置」と「立ち位置」に気をつけなければならない。

（1）手の位置

　まず、自分の顔の真横の高さに構える。右利きの場合、顔の右側にカードを構える。次に、フラッシュカードの裏が見える所まで前にカードを出す。
　めくっているうちに、手の位置が下がらないようにする。

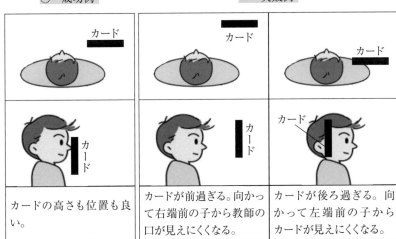

第2章　授業を展開する

第2章 授業を展開する

(2) 立ち位置

　気をつけなければならないことは、両端に座っている子どもから、カードがはっきりと見えることである。そのためには子どもたちに近づきすぎないようにする。

○ 成功例　　　　　　　　　　× 失敗例

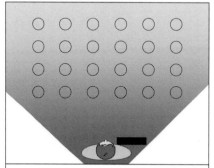

| ちょうど良い立ち位置。前の両端に座っている子からもしっかり見える。 | 立ち位置が前過ぎる。両端前の子（●）からカードが見えにくくなる。 |

　授業中は、子どもの目線に合わせて、フラッシュカードの位置を変える。

床に座っているとき：子どもの首が痛くならないよう、やや低く構える。教師が椅子に腰かけて構えてもよい。
椅子に腰かけているとき：教師は立った状態で構える。
立っているとき：後ろの子どもまで見えるように、カードを顔より高くしたり、台に上ったりする。

ポイント１	子どもの目の高さに応じて、フラッシュカードの位置を調節し、子ども全員から見えるようにする。
ポイント２	前の両端の子どもからもよく見える立ち位置かどうかを確認してからフラッシュカードめくる。
ポイント３	フラッシュカードをめくるうちに、手の位置が下がらないようにする。

（岩井友紀）

（4）単語練習の進め方

新法則化㉓　一度に扱う新単語は、5つ以内にする

脳科学の知見から、以下のことが明らかになっている。

人間の脳が、一度に記憶できる新しい情報は7つ程度である。

ただ、「7つ」というのは、標準の数であり、それ以上覚えられる人もいれば、それ以下の人もいる。

教室にはいろいろな子がいる。

どの子もできるようにするためには、次のことが大切である。

一度に扱う新単語は、5つ以内にする。

1　5つ指導できる単語の例

5つ指導できる単語には、以下のものがある。

　　　動物　　　　　　　　　果物　　　　　　　　　職業

このほかにも、スポーツ、食べ物などがある。

これらは、子どもたちが日常的に耳にすることが多い英語である。
「サッカー」や「バナナ」などは、英語だが、ほぼ日本語のような感覚で子どもたちは聞き、話している。

2　指導する数を3つにした方が良い単語の例

5つより少ない方が良い場合もある。それは、発話が難しく子どもになじみがない単語の場合である。

第2章　授業を展開する

第2章 授業を展開する

> 発話が難しく子どもになじみのない単語は、指導する単語の数を3つか2つにする。

3つ指導する単語は、たとえば以下のものがある。

教科

乗り物

この他にも、自分の学級の実態を考え、「ちょっと難しいかな」と思う単語は、指導する数を3つにした方が良い。

3 指導する数を2つにした方が良い単語の例

さらに、高学年になると、難しい単語を指導することもある。

たとえば、"post office（郵便局）" "shrine（神社）"などだ。このように、子どもになじみがなくて発話が難しい単語は、思い切って2つに絞った方が良い。

shrine　　post office

4 単語を指導する数は自分の学級の実態に合わせて決める

ここまで、指導する単語の数の原則を示したが、最終的には自分の学級の実態に合わせて教師が決める。

前頁では「職業の単語は5つ指導できる」としているが、自分の学級の子どもには難しいと感じたら3つにするなど、「目の前の子どもに合わせること」が1番大切である。

（荻野珠美）

（4）単語練習の進め方

新法則化㉔　子どもが熱中するフラッシュカードの「いろいろバージョン」のめくり方

　フラッシュカードを使った単語練習の中でも、特に子どもたちが熱中するのは、様々な方法で子どもにカードを見せ、そのカードが何のカードかを子どもたちにあてさせるパーツである。

　名付けて、「いろいろバージョン」パーツ。ここで詳細を紹介する。

1	一瞬カード	（一瞬だけ見せる）
2	じわじわカード	（上だけ見せる）
3	じわじわカード	（左だけ見せる）
4	ひらひらカード	（カードをひらひら動かしながら見せる）
5	ラストカード	（5枚のうち、最後の1枚は何かをあてさせる）

　この流れを私は井戸砂織氏から学んだ。井戸氏は、「1分間フラッシュカード」やその2分バージョンで、フラッシュカード5枚を、上記の5つの方法で見せ、楽しく練習している。（81〜82頁参照）

　井戸氏は、東京の石川裕美氏が算数の授業で実践されているのを見て学んだという。子どもたちが熱中して取り組む、優れたパーツである。

【準備物】

フラッシュカード　5枚
(dog, cat, pig, cow, horse)
※東京教育技術研究所フラッシュカード1

【指導の流れ】

1　一瞬カードをする

T（教師）：Look carefully.（と言って、一瞬カードを見せる）

第2章　授業を展開する

```
C（子ども）: Dog!
T : That's right!
　　（と言ってほめ、リピートをする）dog
C : dog
T : dog
C : dog
```

2　じわじわカード（上から見せる）をする

```
T :（上からカードを少し出す）
C : Cow!
T : Good!（とほめる）cow
C : cow
T : cow
C : cow
```

3　じわじわカード（子どもから見て、左から見せる）をする

```
T :（じわじわ左にカードを出す）
C : Horse!
T : O.K! Very good!（とほめる）horse
C : horse
T : horse
C : horse
```

4　ひらひらカード

```
T :（フラッシュカードを目の前で、ひらひらさ
　　 せながら出す）
C : Cat!
T : O.K!（とほめる）　cat
C : cat
T : cat
C : cat
```

5 ラストカード

T: Last card?
(次に出す予定のカードである教師から見て1番手前のカードを指して、「何のカード?」と尋ねるように)
C: Pig!(などと口々に言う)
T: Pig?
C: Cow!
T: Final answer?(とあおる)
C: Cow!
(子どもの反応が大方出たところで最後のカードを見せて)
T: Cow!(正解した子を見てほめる)
　　Very good! cow
C: cow
T: cow
C: cow

【指導のポイント】

　ここでの指導のポイントを井戸氏から2点教わった。

ポイント1　流れをしっかり覚えておき、テンポよく提示する。

　スピード感があるからこそ楽しい。毎時間やっても飽きない楽しさがある。

ポイント2　1番に言った子を見つけ、力強くほめる。

　ほめられるからこそ、やる気がおこる。短い英語でほめることで、心地良いリズムとテンポを作り出すこともできる。

(荻野珠美)

第2章 授業を展開する

（4）単語練習の進め方
新法則化㉕　フラッシュカードをめくるとき、背後はすっきりとさせておく

次の2枚の図を比べてみよう。
どちらの教室が集中して授業を受けることができるだろうか。

A

B

子どもが集中できるのは、Bである。
フラッシュカードで授業を行うとき、次のことに気をつける。

| フラッシュカードをめくる教師の背後はすっきりとさせておく。 |

すっきりとさせるポイントを紹介する。

| ポイント1　黒板はきれいに消しておく。 |

| ポイント2　教壇には、何も置かない。 |

| ポイント3　教室の前面には何も掲示しない。 |

　これらの3つのポイントを意識することで、フラッシュカードの絵が浮き立つ。そして、授業に集中することができる。

（堂前貴美子）

（4）単語練習の進め方

新法則化㉖　フラッシュカードの基本は、「2回→1回→0回」である

フラッシュカードを使った単語練習をするとき、どうするか。

> リピートさせる　=　教師が発話して、子どもが発話する。

リピート回数はどうするか。TOSS型英会話指導の基本型がある。

> 「2回→1回→0回」

以下、フラッシュカードを使った単語練習を「3つのパーツ」に分けて示す。

> フラッシュカードを使った単語練習（2回→1回→0回）

使用する単語："dog, horse, cow, pig, cat"

（1）準備

　フラッシュカードは後ろから前にめくる。練習前にフラッシュカードの順番（ここでは前から dog, horse, cow, pig, cat）を確認しておく。

　単語練習をするときのポイントを以下5つにまとめた。

> 【単語練習をするときのポイント】
> ①子ども全員からカードが見える位置を確認する。
> ②笑顔で子どもの前に立つ。
> ③カードを顔の横で構える。
> ④カードの絵を子どもに見せてから、発話する。
> ⑤1人ひとりと目を合わせながら、発話する。

第2章　授業を展開する

第2章 授業を展開する

（2）第1パーツ「先生の発話に続けて子どもが発話する」を2回ずつ繰り返す（リピート練習2回）

　先ほど示した5つのポイントに加えて、フラッシュカードを使った単語練習にはもう1つ大切なポイントがある。

ポイント　テンポ良く進める

スピードが大切だ。以下に単語練習「第1パーツ」の流れを示す。		
T（教師）：dog	C（子ども）：dog	
T：dog	C：dog	T：カードを後ろから前にめくる
T：cat	C：cat	
T：cat	C：cat	T：カードを後ろから前にめくる
T：pig	C：pig	
T：pig	C：pig	T：カードを後ろから前にめくる
T：cow	C：cow	
T：cow	C：cow	T：カードを後ろから前にめくる
T：horse	C：horse	
T：horse	C：horse	T：カードを後ろから前にめくる

　ここまで、テンポ良く進めて「9秒」で終える。流れを止めずに、そのまま第2パーツに進む。

（3）第2パーツ「先生の発話に続けて子どもが発話する」を1回ずつ繰り返す（リピート練習1回）

T：dog	C：dog	T：カードを後ろから前にめくる
T：cat	C：cat	T：カードを後ろから前にめくる
T：pig	C：pig	T：カードを後ろから前にめくる
T：cow	C：cow	T：カードを後ろから前にめくる
T：horse	C：horse	T：カードを後ろから前にめくる

　ここまで、およそ「5秒」で終える。流れを止めずに、そのまま第3パーツに進む。

（4）第3パーツ「先生がカードをめくる」「子どもが発話する」を1回ずつ行う（リピート練習0回）

T：（カードをめくり "dog" を見せる）	C：dog
T：（カードをめくり "cat" を見せる）	C：cat
T：（カードをめくり "pig" を見せる）	C：pig
T：（カードをめくり "cow" を見せる）	C：cow
T：（カードをめくり "horse" を見せる）	C：horse
T：（カードを下におろしながら、子どもを見て）Very good!!	

　ここまで、およそ「5秒」。第3パーツは、子どもが慣れていない場合や何らかの理由で発話しない場合は教師が一緒に言う。
　教師が一緒に言う場合もいくつか方法がある。

①単語を丸ごと一緒に言う。
②単語の半分程度を一緒に言う。
③単語の最初の音だけを一緒に言う。
④単語を口の動きだけ一緒にする。

　子どもが発話した瞬間に "Very good!" と力強くほめることが大切である。子どもが英語を発話することが楽しくなるためには、教師が「ほめて、ほめて、ほめまくる」ことが大切である。

　以上、フラッシュカードを使った単語練習の基本、「2回→1回→0回」である。
　3つのパーツを「テンポ良く」進める。では、どれくらいのスピードであれば「テンポ良く」進めていると言えるのか。

19秒以内

　子どもも慣れてきたら「16秒」が心地良い。
　テンポよく進めるには練習が必要だ。加えて、技量のある教師に見てもらい、アドバイスを受けることが大切である。

（辻拓也）

第2章　授業を展開する

第2章 授業を展開する

（4）単語練習の進め方
新法則化㉗ 「1分間フラッシュカード」をマスターする

　向山洋一氏が提案した「1分間フラッシュカード」は授業の導入で子どもたちをあっという間に集中させることができる。

　英語版の「1分間フラッシュカード」を井戸砂織氏から教わった。

　全部で6つのパーツがある。

　右の5枚の動物のフラッシュカードを使う場合を例にして紹介する。

パーツ1	教師に続いて2回ずつ繰り返す。
パーツ2	教師に続いて1回ずつ繰り返す。
パーツ3	教師がカードをめくり、子どもだけで発話する。

　このパーツ1から3までを「2回→1回→0回」と覚えておくと良い。
（詳細は75～77頁を参照）

　ここまでを、16～18秒で行う。

パーツ4	男子だけ、女子だけで練習する。

　"Boys, boys, boys, stand up."男子だけを立たせて、練習する。
　"Girls, stand up."女子だけを立たせて、同じく練習する。
　どちらも3つずつ発話させる。

パーツ5	いろいろバージョン

　"Look carefully."の一言から始まる、変化をつけた単語練習。
　5パターンある。

① 「一瞬カード」: ちらっと見せて、何かを予想させる。
② 「じわじわカード」上から: カードの上部から一部見せる。
③ 「じわじわカード」横から: カードの左から一部見せる。
④ 「ひらひらカード」: カードをひらひら動かす。
⑤ 「ラストカード」: 5枚目は何かを予想させる。

パーツ6　1人ずつ発話する

"One, two, three, stand up."

　1人ずつ発話させ、1人ずつ、"Good!" "O.K." などと力強くほめる。

　最後の子を"Very good!"とほめて、約1分である。

「1分間フラッシュカード」で全員を巻き込み、全員に「言えた!」という達成感を味わわせることができる。

　以下は、井戸砂織氏の「1分間フラッシュカード」の授業テープおこしである。参考にしていただきたい。

パーツ1　教師に続いて2回ずつ繰り返す。

井戸 : dog	子役 : dog
井戸 : dog	子役 : dog
井戸 : cat	子役 : cat
井戸 : cat	子役 : cat
井戸 : pig	子役 : pig
井戸 : pig	子役 : pig
井戸 : cow	子役 : cow
井戸 : cow	子役 : cow
井戸 : horse	子役 : horse
井戸 : horse	子役 : horse

第2章　授業を展開する

第2章　授業を展開する

パーツ2　教師に続いて1回ずつ繰り返す

井戸：dog	子役：dog
井戸：cat	子役：cat
井戸：pig	子役：pig
井戸：cow	子役：cow
井戸：horse	子役：horse

　ここまでで井戸氏が言った言葉は、動物の単語だけである。
「言葉を削る」とはどういうことかが分かる。

パーツ3　教師がカードをめくり、子どもだけで発話する

子役：Dog, cat, pig, cow, horse.
井戸：Very good!

　ここまでで16秒。最後に力強くほめている。

パーツ4　男子だけ、女子だけで練習する

井戸：Boys, boys, boys, stand up.（男子だけ立たせる）
子役：Cat, cow, horse.（提示されるカードを見て発話する）
井戸：Very good!
井戸：Girls, stand up.（女子だけ立たせる）
子役：Horse, pig, dog.
井戸：Very good!

　すかさず、男子だけを立たせる。全員が立つのを待たずに、井戸氏はカードをめくる。「待たないから子どもは急いで立つ、待つと子どもはゆっくり立つ」のだそうだ。「確かに！」と納得した。大人でも同じである。

パーツ5　いろいろバージョン
①「一瞬カード」をする

井戸：Look carefully.（と言って、カードを一瞬見せる）
子役：Pig!
井戸：That's right!（力強くほめる）　pig　　子役：pig
井戸：pig　　　子役：pig

「一瞬」ではあるが、見えないほど早くはない。「見えないくらい早いと、特別支援が必要な子の中には『わからない!』と怒り出す子もいるからね。あくまで、成功体験を与えることを頭に入れて」と井戸氏。

②「じわじわカード」上から

井戸：（上部から犬のカードの一部を見せて）
子役：Dog!
井戸：O.K.! dog　　　子役：dog
井戸：dog　　　　　　子役：dog

③「じわじわカード」左から

井戸：（子どもから見て左側から猫のカードの一部を見せて）
子役：Cat!
井戸：OK, very good! cat　　子役：cat
井戸：cat　　　　　　　子役：cat

　井戸氏は、「カードの全体ではなく、一部だけを見せるからこそ子どもたちは注目する」と言う。

④「ひらひらカード」

井戸：（カードを前で大きくひらひらさせて）
子役：Cow!
井戸：O.K.! cow　　　子役：cow
井戸：cow　　　　　　子役：cow

第2章 授業を展開する

⑤「ラストカード」

```
井戸：Last card ?（教師にとって一番手前のカードを指してきく）
子役：Horse!
井戸：Horse? O.K.! That's right! horse    子役：horse
井戸：horse                              子役：horse
```

　じらして、すぐには答えを言わず、子どもたちに次々と言わせることもある。"Final answer?" と尋ねると楽しい雰囲気になる。

パーツ6　1人ずつ発話する

```
井戸：One, two, three stand up.
子役1：horse      井戸：O.K.!
子役2：pig        井戸：Good!
子役3：dog        井戸：Very good!
```

　井戸氏の「One by one」は、速さの中にも温かさがある。"One, two, three" の時にも1人ひとりの目を見て、笑顔で指名する。そして、1人ひとりが言った後に力強くほめるのである。

　これが、わずか1分間で全員を巻き込み、全員に「言えた!」という達成感を味わわせることができる「1分間フラッシュカード」の6パーツである。

【ミニコラム♪】　私の教師修行

家で家族と練習している様子。
2週間、毎日、鏡の前や家族の前で練習した。

12月13日：1分20秒から54秒に。
12月27日：TOSS Sunny例会で46秒達成！

（松原幸司）

（４）単語練習の進め方

新法則化㉘　フラッシュカード「２分間バージョン」をマスターする

英会話版の「１分間フラッシュカード」ができるようになったら今度は「２分間バージョン」のマスターを目指そう。

「２分間バージョン」は全部で10パーツある。

パーツの順	パーツの大まかな説明	時間のめやす
1	「教師の発話に続けて子どもが発話する」を２回ずつ繰り返す。	9秒
2	「教師の発話に続けて子どもが発話する」を１回ずつ繰り返す。	5秒
3	「教師がカードをめくる」「子どもが発話する」を１回ずつ行う。	4秒
4	「教師がカードの順番を変えて見せる」「子どもが発話する」を１回ずつ行う。	4秒
5	男子だけ、女子だけで発話する。	8秒
6	ＡとＢの２つのグループに分けて交互に発話する。	16秒
7	カードを見せる動きに変化をつけて、子どもが発話する。	28秒
8	「子ども１人ずつ発話させる」を３人行う。	10秒
9	「挑戦を希望した子が１人で全ての単語を発話する」を２人行う。	25秒
10	「先生がカードの順番を変えて見せる」「子どもが発話する」を１回ずつ行う。	4秒

第2章　授業を展開する

　以上、10パーツを2分以内で行う。井戸氏が模擬授業を行った映像を計ったところ、10パーツで1分50秒であった。
　以下詳細を右の5枚の動物のフラッシュカードを例にして紹介する。

フラッシュカードを使った単語練習　2分間バージョン

第0パーツ　準備

---

　①カードを前から"dog, horse, cow, pig, cat"の順に並べる。
　②子ども全員からカードが見える位置を確認する。
　③笑顔で子どもの前に立つ。
　④カードを顔の横で構える。
　⑤カードの絵を子どもに見せてから発話する。

第1パーツ　「教師の発話に続けて子どもが発話する」を2回ずつ繰り返す

T（教師）：dog	C（子ども）：dog
T：dog	C：dog
T：cat	C：cat
T：cat	C：cat
T：pig	C：pig
T：pig	C：pig
T：cow	C：cow
T：cow	C：cow
T：horse	C：horse
T：horse	C：horse

| 第2パーツ 「教師の発話に続けて子どもが発話する」を1回ずつ繰り返す |

```
T : dog         C : dog
T : cat         C : cat
T : pig         C : pig
T : cow         C : cow
T : horse       C : horse
```

| 第3パーツ 「教師がカードをめくる」「子どもが発話する」を1回ずつ行う |

```
T :（カードをめくり dog を見せる）      C : dog
T :（カードをめくり cat を見せる）      C : cat
T :（カードをめくり pig を見せる）      C : pig
T :（カードをめくり cow を見せる）      C : cow
T :（カードをめくり horse を見せる）    C : horse
T :（カードを下におろしながら、子どもを見て）
    Very good!!
```

| 第4パーツ 「教師がカードの順番を変えて見せる」「子どもが発話する」を1回ずつ行う |

```
T :（絵を見せないで、カードをシャッフルする）
   （目線はずっと子どもに向ける）
    At random.
T :（カードを顔の横に構えて絵を見せる）   C : pig
T :（カードを顔の横に構えて絵を見せる）   C : dog
T :（カードを顔の横に構えて絵を見せる）   C : cow
T :（カードを下におろしながら、子どもを見て）
    Very good!!
```

第2章 授業を展開する

第5パーツ　男子だけ、女子だけで発話する

（1）男子だけで発話する

T（教師）：（一人ひとりと目を合わせて手で指しながら）	
Boys, boys, boys, stand up.	Boys：（その場に立つ）
T：（カードを顔の横に構えて絵を見せる）	Boys：pig
T：（カードを顔の横に構えて絵を見せる）	Boys：cat
T：（カードを顔の横に構えて絵を見せる）	Boys：dog
T：（ジェスチャーで座るように示しながら）	Good!

（2）女子だけで発話する

T（教師）：Girls, stand up.	Girls：（その場に立つ）
T：（カードを顔の横に構えて絵を見せる）	Girls：cow
T：（カードを顔の横に構えて絵を見せる）	Girls：horse
T：（カードを顔の横に構えて絵を見せる）	Girls：pig
T：（ジェスチャーで座るように示しながら）	Very good!

第6パーツ　AとBの2つのグループに分けて交互に発話する

（1）子どもを右半分と左半分の2グループ（AとB）に分ける

T：（腕全体を使って、子どもを半分にわけるジェスチャーをしながら）
　　This side, "group A".
　　（同じようにジェスチャーで示しながら）
　　"Group B".
　　（体をAに向け、手で指しながら）A.
　　（体をBに向け、手で指しながら）B.
　　（体をAに向け、手で指しながら）A.
　　（体をBに向け、手で指しながら）B.

(2) A → B の順番に発話する

T :（体を A に向け、カードを構えて絵を見せながら）A!!
A : dog
T :（体を B に向け、カードをめくり次の絵を見せる）B!!
B : cow
T :（体を A に向け、カードをめくり次の絵を見せる）A!!
A : cat
T :（体を B に向け、カードをめくり次の絵を見せる）B!!
B : horse

(3) B → A の順番に発話する

T : Switch roll, B.
T :（体を B に向け、カードをめくり次の絵を見せる）
B : cow
T :（体を A に向け、カードをめくり次の絵を見せる）A.
A : cat
T :（体を B に向け、カードをめくり次の絵を見せる）B.
B : horse
T :（体を A に向け、カードをめくり次の絵を見せる）B.
A : dog

第7パーツ　カードを見せる動きに変化をつけて、子どもが発話する

(1) カードの絵をちらっと見せて、何かを予想させる

T :（カードをシャッフルしながら下に伏せて絵を隠す）
　　Look carefully.
　　（一瞬、絵をちらりと見せて、すぐに隠す）
C : dog! ※　　（※見えた絵）
T : Very good! dog　　C : dog
T : dog　　　　　　　C : dog

第 2 章　授業を展開する

第2章 授業を展開する

(2) 後ろの絵を上からじわじわ見せて、何かを予想させる

T：(後ろの絵を上からじわじわ見せる)
C：pig! ※　　(※見えた絵)
T：That's right! pig　　C：pig
T：pig　　　　　　　　C：pig

(3) 後ろの絵を横からじわじわ見せて、何かを予想させる

T：(後ろの絵を横からじわじわ見せる)
C：horse! ※　　(※見えた絵)
T：Good! horse　　C：horse
T：horse　　　　　C：horse

(4) カードをひらひらと舞うように動かして、何かを予想させる

T：(ちょうちょがひらひらと舞うように動かして見せる)
C：cow! ※　　(※見えた絵)
T：Good! cow　　T：cow
T：cow　　　　　T：cow

(5) まだ見せていない最後のカードは何かを予想させる

T：Last card?　　C：cat
T：Good! cat　　C：cat
T：cat　　　　　C：cat

第8パーツ 「子ども1人ずつ発話させる」を3人行う。

T：(1人ずつ分かるように手で指しながら)
One, two, three, stand up.
T：(カードを顔の横に構えて絵を見せる)
C₁：cow
T：Good!（ジェスチャーで座るように指示する）

```
T：（カードをめくり、次の絵を見せる）
C₂：dog
T：Very good!
T：（カードをめくり、次の絵を見せる）
C₃：cat
T：Good!
```

第9パーツ 「挑戦を希望した子が1人で全ての単語を発話する」を2人行う

（1）1人で5枚発話する

```
T：（手を挙げながら）
Any challenger?
（手を挙げた子を指名する）
Stand up.
T：（カードを顔の横に構えて絵を見せる） C：dog
T：（カードをめくり、次の絵を見せる）   C：pig
T：（カードをめくり、次の絵を見せる）   C：cat
T：（カードをめくり、次の絵を見せる）   C：cow
T：（カードをめくり、次の絵を見せる）   C：horse
T：（座るようにジェスチャーしながら）  Very good!
```

（2）手を挙げた子の発話の後、全員に発話させる

```
T：（手を挙げながら） Any challenger?
　（手を挙げた子を指名する） Stand up.
　（手を挙げた子を指して） ○○※（※挑戦する子の名前）
　（全体を見ながら） Everyone. ○○, everyone.
T：（カードを顔の横に構えて絵を見せる）
C：dog      手を挙げた子以外の子：dog
T：（カードをめくり、次の絵を見せる）
C：pig      手を挙げた子以外の子：pig
T：（カードをめくり、次の絵を見せる）
```

第2章 授業を展開する

```
C : cat　　　　　手を挙げた子以外の子 : cat
T :（カードをめくり、次の絵を見せる）
C : cow　　　　　手を挙げた子以外の子 : cow
T :（カードをめくり、次の絵を見せる）
C : horse　　　　手を挙げた子以外の子 : horse
T :（座るようにジェスチャーしながら）Good!
```

第10パーツ　「先生がカードの順番を変えて見せる」「子どもが発話する」を1回ずつ行う

```
T : Last. Everyone.
　　（カードをシャッフルする）
　　（カードを顔の横に構えて絵を見せる）　C : dog
T :（カードをめくり、次の絵を見せる）　　C : cat
T :（カードをめくり、次の絵を見せる）　　C : pig
T :（カードをめくり、次の絵を見せる）　　C : cow
T :（カードをめくり、次の絵を見せる）　　C : horse
　　（カードを下におろして）　Very good!
```

「2分間バージョン」をマスターすれば、多くの授業場面で応用できる。何度も練習し、英会話の授業の腕を上げよう。

（辻拓也）

（5）ダイアローグ練習の進め方

新法則化㉙　ダイアローグ指導は、「三構成法」で組み立てる

TOSS型英会話指導において、「三構成法」とは、以下の指導法のことを言う。

1　単語練習をする
2　状況設定とダイアローグの口頭繰り返し練習をする
3　アクティビティ、余裕があればゲームをする

子どもたちにとって、無理なくダイアローグを習得できる組み立てになっている。

1　単語練習をする

　単語練習では、フラッシュカードなどを使い、その時間に使用する英単語を練習する。単語練習には「1分間フラッシュカード」や「2分間バージョン」などがある。（78～82頁、83～90頁参照）

2　状況設定とダイアローグの口頭繰り返し練習をする
（1）　状況設定をする

　状況設定とは、「日本語を使わずに、その会話の場面を子どもに直感的に理解させる方法」である。（96～98頁参照）
　分かりやすく、楽しい状況設定を工夫したい。
　以下、井戸砂織氏の"Is this your bag?"の授業を例に述べる。

状況設定1回目

　教師が落とし物のカバンを見つける。「これは誰のだろう？」と首をかしげながら名前を確認する。名前が書かれていない。近くにいる子どもに尋ねる。

第2章　授業を展開する

第2章　授業を展開する

①1人目の子に尋ねる。

> T（教師）：〇〇！（名前を呼ぶ）　Is this your bag?
> C₁：No.
> T：No, it isn't.（きちんと "No, it isn't." と答えさせるために、小声で正しい答え方を指導する。）
> C₁：No, it isn't.
> T：Good!　（言えたら、力強くほめる）

②No の言い方をリピート練習する。

> T：No, it isn't.　　C：No, it isn't.
> T：No, it isn't.　　C：No, it isn't.

状況設定2回目

①2人目の子に尋ねる。

> T：Is this your bag?
> C₂：No.
> T：No, it isn't.
> 　（正しく答えられないようなら、その子にも教える）
> C₂：No, it isn't.
> T：Good!

②No の言い方をリピート練習する。

> T：No, it isn't.　　C：No, it isn't.
> T：No, it isn't.　　C：No, it isn't.

状況設定3回目

①3人目の子に尋ねる。

> T：Is this your bag?
> C₃：No, it isn't.
> T：Good!

②No の言い方をリピート練習する。

> T：No, it isn't.　　C：No, it isn't.
> T：No, it isn't.　　C：No, it isn't.

状況設定4回目

①4人目（鞄の持ち主）の子に尋ねる。

T：○○！ Is this your bag?
C4：Yes.
T：（小さな声で教える）Yes, it is.
C4：Yes, it is.
T：Very good!

② Yes の言い方をリピート練習する。

T：Yes, it is.（力強くほめ、答え方の練習をする）
C：Yes, it is.
T：Yes, it is.
C：Yes, it is.

　ここでは4回も状況設定し、かつ、その合間に答え方の練習もさせている。これぞ名人の指導である。

（2）　ダイアローグの口頭繰り返し練習をする

　状況設定の後に「ダイアローグの口頭繰り返し練習（ダイアローグ練習）」を行う。上述したように、状況設定の中でも、口頭練習を行う場合もある。ダイアローグ練習を楽しくするポイントは、以下の2点だ。

ポイント1　繰り返す際には変化をつける
ポイント2　テンポよく行う

ポイント1　繰り返す際には変化をつける

　みんなで一緒に10回ダイアローグを繰り返し発話するより、「男子だけ、女子だけ」「ペアで」「教室を自由に歩いて相手を探して会話する」などの変化をつけ発話する方が、楽しく、授業に集中できる。

第2章　授業を展開する

第2章　授業を展開する

ポイント2　テンポ良く行う

　ダイアローグ指導にかける時間は、子どもの習熟度やダイアローグの難易度にもよるが、だいたい2〜3分程度である。「そんなに短い時間で指導できるの？」と思うかもしれないが、できる。

　それは、教師が無駄な言葉を削り、優れた組み立てで、テンポ良く進めるからである。短い時間だからこそ、集中力を保つことができる。

3　アクティビティ、余裕があればゲームをする

　アクティビティとは、「会話にふさわしい状況下での、活動を伴う会話」である。以下、ダイアローグにお薦めのアクティビティを紹介する。

	ダイアローグ	アクティビティ
1	A : What's this? B : It's a (dog, cat などの動物).	「動物ジェスチャー」 　Aが"What's this?"と尋ねながら動物のジェスチャーをする。Bがそれを見て"It's a ○○."と答える。
2	A : What color is it? B : It's (red, blue などの色).	「仲間集めゲーム」（132〜133頁参照） 　全員に1枚ずつ色カードを持たせる。"What color is it?"と色を尋ね、自分の色カードと同じ色カードを持つ子を探すアクティビティ。
3	A : How are you? B : I'm (fine, hungry などの状態).	「仲間集めゲーム」（61〜62頁参照） 　教室を歩き出会った友だちに"How are you?"と尋ね、"I'm fine."など、相手の状態を聞く。今度は相手が"How are you?"と聞き返すので、自分の状態を答える。自分と同じ気分や状態の友だちを探すアクティビティ。

	ダイアローグ	アクティビティ
4	A : Which do you like? B : I like（apples, bananasなどの果物）. A : Here you are. B : Thank you.	「どっちが好き？」 　ミニホワイトボード、果物イラストをマグネットに印刷したもの、同じくお皿2枚のイラストをマグネットに印刷したものを用意する。 　Aは果物を写真のようにお皿に載せ、"Which do you like?"と尋ねる。Bが好きな方を答える。Bが好きなものをAが"Here you are."と渡す（原実践・藤崎久美子氏）。ミニホワイトボード、マグネットは百円均一のお店で購入した。
5	A : May I help you? B : ○○ please. A : Here you are. B : Thank you.	「お店屋さんごっこ」 　ペアを作らせ、お店屋さんとお客さんの役を決める。お店屋さんは果物などの模型を持ち、"May I help you?"と尋ねる。お客さん役はほしいものを指さし、"○○, please."と言い、品物を受け取る。役を交替しながら進める。

　アクティビティは「もの」を用意して楽しく行いたいが、ものを準備するのが大変なときもある。そのような場合は次のような簡単にできる活動もお薦めである。

①3人と会話したら席に着く
②同じ仲間を見つけたら（例えば、同じ食べ物が好き、など）
　ペアやグループになって、さらに同じ仲間を見つける。
　"What food do you like?"のダイアローグで行う。
③ "Yes."と答える子を3人見つけたら席に着く。
　"Do you like bananas?" "Can you play football?"
　のダイアローグで行う。

（荻野珠美）

第2章　授業を展開する

（5）ダイアローグ練習の進め方
新法則化㉚　状況設定は、変化をつけて3回繰り返す

　状況設定とは、本時のダイアローグの意味を理解させる指導場面のことである。

　状況設定が楽しく、分かりやすければ、子どもがのってくる。その後のダイアローグの口頭練習の声が大きくなる。
　日本語を介さずに「あっ！　あのことか！」と直感で理解させるよう工夫する。
　物を用意したり、イラストを見せたり、寸劇をしたりして、分かりやすさを演出する。教師の腕の見せ所である。分かりやすい状況設定には共通点がある。

> 状況設定を「3回」繰り返す。

　子どもたちは、初めて耳にする英語を習うわけである。すぐには、ダイアローグの意味が理解できないと思った方が良い。
　よって、教師の寸劇やイラストを1回、2回、3回と繰り返すのである。その中で、「あっ！　あのことか！」「意味が分かった！」となっていくのである。

（1）"What's this ?" " It's a～." の状況設定の場合

> 1回目　What's this？（犬のイラストを一瞬だけ見せる）

　「これは、何？」という表情で一瞬カードを見せる。子どもたちは、"Dog!" と答える。ここで、半数の子どもが、"What's this?" の意味を理解する。

> 2回目　What's this?（イラストを左端から少しずつ見せる）

　子どもたちは、"Cat!" と答える。ここで、約8割の子どもたちが "What's this?" の意味を理解する。

| 3回目 | What's this?（豚のイラストを上から少しずつ見せる） |

子どもたちは、"Pig!" と答える。この時点で、ほぼ全員が、"What's this?" の意味を理解する。

（2）"Do you like bananas?" "Yes, I do. ／ No, I don't." の場合

| 1回目 | （サルの画像に呼びかける）"Monkey! Do you like bananas?"
（サルになりきって）"Yes, I do." |

電子黒板でサルの画像を出したり、サルを黒板に描いたりして、教師が、サルに呼びかけるように言うとよい。"Yes, I do." は、サルになりきって言う。

| 2回目 | （ウサギの画像に呼びかける）"Rabbit！ Do you like carrots?"
（ウサギになりきって）"Yes, I do." |

次は、ウサギを登場させる。サルと同じように進める。

| 3回目 | （ドラえもんの画像に呼びかける）"Doraemon！"<br>"Do you like...."（子どもたちが「どら焼き！」と言う）
"Do you like Dorayaki?"
（間を空ける。子どもたちが、「Yes!」と予想する）
（ドラえもんになりきって）"Yes, I do." |

3回目は、ドラえもんを登場させる。"Do you like...." で間を空けると、子どもたちが口々に「どら焼き！」と言うだろう。
「どら焼き！」と子どもたちが言ったら、このダイアローグの意味を理解したと言ってよい。

第2章 授業を展開する

第2章 授業を展開する

(3) "Is this your bag?" "Yes, it is. / No, it isn't." の場合

> 1回目 (教師がバッグを手にして、1人の子どもに尋ねる)
>   "Is this your bag?"

　このとき、持ち主ではない子どもに尋ねる。尋ねられた子どもが、自分のではないので、"No, it isn't." と答える。
　答え方が分からないときは、教師が小声で、教えればよい。

> 2回目 (また、1人の子どもに尋ねる)
>   "Is this your bag?"

　尋ねられた子どもは自分のバックではないので、"No, it isn't." と答える。

> 3回目 (また、1人の子どもに尋ねる)
>   "Is this your bag?"

　3回目も持ち主ではない子どもに尋ねる。3回目となると、周りの子どもたちが、"No" と言い出す。このようになったら、ダイアローグの意味が分かっている証拠である。
　このダイアローグは、4回目がある。

> 4回目 (バッグの持ち主に尋ねる)
>   "Is this your bag?"

　4回目は、バッグの持ち主に尋ねる。その子どもは、自分のバッグと知りながら、3回の繰り返しを聞いていたはずである。「待ってました!」とばかりに "Yes!!" と答えるだろう。続いて、"Yes, it is." という言い方を教える。

　このように、3回の繰り返しを通して、子どもたちは、ダイアローグの意味を理解させていく。ただし、ダイアローグの内容や子どもの実態によっては、3回の繰り返しではなく、4回の場合もある。
　事前に、ダイアローグの内容または子どもの実態を考慮して、状況設定の準備をしたいものである。
　　　　　　　　　　　　　　　　　　　　　　　　　　　　　　　　(小井戸政宏)

（5）ダイアローグ練習の進め方

新法則化㉛　ダイアローグ練習は、スモールステップで組み立てる

　単語練習よりも、ダイアローグ練習は難しい。1人で一度に発話する量が増えるからである。そこで、ダイアローグ練習は、次のことを意識する。

> ダイアローグ練習は、スモールステップで組み立てる。

　スモールステップとは、「小さなステップ」で授業を組み立てることである。

　最初は簡単で、誰でもできるところから始める。「全員で」教師に続いて、発話練習をするのである。全員で、しかも教師の発話を真似するだけであるので、どの子もできる。

　次に、「男子だけ・女子だけ」というように人数を半分にする。こうすると少し難易度が上がる。「男子だけ」のときは、男子は立つ。だから、適度な緊張感がある。

　ここまでは、教師の発話を真似すれば良い。次は、子ども全員が教師に尋ね、教師が答える。リピートではなく、子どもたちだけで発話するのである。

　そして、後半には「1人ずつ」言わせる。ここは、極めて重要な場面である。「1人ずつ」があるからこそ、子どもたちは、「そのときにちゃんと言えるように、しっかり声を出して練習しておこう」と考えるのである。

　このような組み立てが子どもたちに英語を聞き話す力をつけることにつながる。

　以下、"What's this?" の尋ね方のダイアローグ練習を例に説明する。

"What's this?" の尋ね方を練習する場面

大グループ	1	教師に続いて全員でリピートする
↓	2	声に変化をつけた教師に続いて、全員で同様にリピートする
	3	男子（女子）だけ立たせ、教師に続いてリピートさせる
	4	子ども全員で教師に尋ねさせ、教師が答える
小グループ	5	1人ずつ尋ねさせ、全員で答える

第2章　授業を展開する

第2章 授業を展開する

1 教師に続いて全員でリピートする

間を空けず、テンポよくリピートさせる。

T（教師）：What's.	C（子ども）：What's.
T：What's.	C：What's.
T：this	C：this
T：this	C：this
T：What's this?	C：What's this?
T：What's this?	C：What's this?

2 教師に続いて、全員で大きな声や小さな声でリピートする

単純にリピートするだけだと飽きてくる。そのため、大きな声や小さな声で言わせることで、変化をつける。

T：What's this?（大きな声で言う）
C：What's this?
T：What's this?（大きな声で言う）
C：What's this?
T：What's this?（小さな声で言う）
C：What's this?
T：What's this?（小さな声で言う）
C：What's this?

3 男子（女子）だけ立たせて、教師に続いてリピートさせる

男子（女子）を立たせる時、間をあけないように気をつける。

T：Boys, stand up!（男子を立たせる）	
What's this?	C：What's this?
T：What's this?	C：What's this?
T：Girls, stand up!（女子を立たせる）	
What's this?	C：What's this?
T：What's this?	C：What's this?

4　子ども全員で教師に尋ねさせ、教師が答える

子どもの声がそろうように、フラッシュカードをテンポよくめくり、リズムを作る。

```
T：Ask me.
C：What's this?    T：It's a dog.
C：What's this?    C：It's a cat.
C：What's this?    T：It's a pig.
C：What's this?    C：It's a cow.
C：What's this?    T：It's a horse.
```

5　1人ずつ尋ねさせ、全員で答える

1列立たせ、1人ずつ言わせる。

1人で言えたら、"Very good!"など力強くほめる。

もし言えなかったら、教師が"What's this?"と言い、まねさせる。まねでも言えたら力強くほめる。そのためには、教師が「まねしてでも1人で言えたらすごい」と考える。

```
T：This line, stand up!   Ask everyone.
（子ども1人）：What's this?　（子ども全員）：It's a dog.
（子ども1人）：What's this?　（子ども全員）：It's a cat.
（子ども1人）：What's this?　（子ども全員）：It's a pig.
```

1から4までの間に、変化をつけ、繰り返し練習した上で、5で1人ずつ発話する。だからこそ、「言える！」という成功体験を与えることができる。

できないことがあるとパニックになりやすい男の子がいた。その男の子は、自分が1人で発話する機会をとても楽しみにしていた。それは、「自分も言える！」という自信があったからである。

単語練習より難しいダイアローグ練習であっても、スモールステップで組み立てて指導することで、どの子にも自信をつけることができる。

（岩井俊樹）

第2章 授業を展開する

（5）ダイアローグ練習の進め方

新法則化㉜　ダイアローグ練習は、「答え方→尋ね方」の順で行う

　ダイアローグ指導をするときは、「答え方→尋ね方」の順で練習する。次のような流れになる。

（1）答え方の練習をする。
　　①教師の後について、答え方をリピートする。
　　②教師が尋ねて、子ども全員で答える。
　　③教師が尋ねて、個別に答える（列指名）。
（2）尋ね方の練習をする。
　　①教師の後について、尋ね方をリピートする。
　　②子ども全員が尋ね、教師が答える。
　　③子ども1人が尋ね、子どもたち全員が答える。

　この流れの良さは、3つある。

良さ1　答え方の方が取り組みやすい。

　例えば、"Have you ever been to Hokkaido?" "Yes, I have./ No, I haven't." のダイアローグを扱うとき、答え方 "Yes, I have./No, I haven't." の方が簡単であり、子どもにとって取り組みやすい。

良さ2　英語での簡単なコミュニケーションができる。

　（1）の③の部分では、子どもはすでに答え方を知っている。教師が英語で尋ね、子どもが答えるというコミュニケーションを簡単に体験できる。

良さ3　尋ね方を何度も聞いているので、慣れる。

　答え方を練習しているときに、子どもたちは "Have you ever been to Hokkaido?" を何度も聞く。そのため、発話が容易になる。

（清水陽月）

（5）ダイアローグ練習の進め方
新法則化㉝　リピートのタイミングを教師が手で示す

"Repeat!" と言わなくても、子どもに良いタイミングでリピートさせる方法がある。

リピートのタイミングを教師が手で示す。

ポイントは、以下である。

誰が発話する番なのかを、はっきりさせる。

"What's this?" の尋ね方の練習のときを例に挙げる。

1　短く区切ってリピートする
T（教師）：What's（教師が自分の胸に手を向ける）
C（子ども）：What's（教師が子どもに手を向ける）
T：What's（教師が自分の胸に手を向ける）
C：What's（教師が子どもに手を向ける）
T：this?（教師が自分の胸に手を向ける）
C：this?（教師が子どもに手を向ける）
T：this?（教師が自分の胸に手を向ける）
C：this?（教師が子どもに手を向ける）
2　つなげてリピートする
T：What's this?（教師が自分の胸に手を向ける）
C：What's this?（教師が子どもに手を向ける）
T：What's this?（教師が自分の胸に手を向ける）
C：What's this?（教師子どもに手を向ける）

教師が言うとき
教師が自分の胸に手を向ける

子どもが言うとき
子どもに手を向ける

（戸﨑恵）

第2章 授業を展開する

（5）ダイアローグ練習の進め方
新法則化㉞　子どもが１人で話す機会を作る

　子どもが授業に集中し、英語を話す力をつけていくために、欠かせない活動がある。

> 子どもが１人で話す機会を作る。

　全員で発話するだけでは、次第に言わない子が出てくる。言っても言わなくても変わらない状況では、子どもの意欲が次第に失われていく。
「１人で話す」という適度な緊張感が必要である。
「１人で話す」活動があるからこそ、頑張って練習し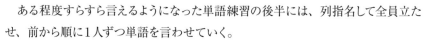
なくては！という思いにつながり、練習への真剣度が増すのである。
　ある程度すらすら言えるようになった単語練習の後半には、列指名して全員立たせ、前から順に１人ずつ単語を言わせていく。
　この方法を知ってから、明らかに、授業中の子どもの集中度が増した。驚くほどの変化であった。
　１人で言わせるとき、大切なことがある。それは、どんなに声が小さくても、必ずほめることである。井戸砂織氏から教えてもらった言葉がある。

> 「英語を話している、それだけですごいって思って、ほめなきゃ」

　私はそれまで、「声が小さいなあ～」と少し不安に思っていた。
　この言葉を聞いて、子どもに対する見方が変わった。どんなに小さな声でも、すごい、と思えるようになった。
　声が大きい子がいたときには、さらに力強く"Big voice, very good!"とほめればよい。子どもたちは大きな声で発話することを意識するようになる。

（杉浦恵梨子）

(5) ダイアローグ練習の進め方

新法則化㉟　答える練習では、自分の考えや思いを答える場を設定する

　ダイアローグの口頭繰り返し練習は、機械的な練習ではなく子どもの考えや思いを自然な形で言わせていく中で進めたほうが良い。
　以下、井戸氏が自分の考えや思いを答えることができるように組み立てた授業パーツである。

以下は、井戸氏の「"Do you like bananas?" "Yes, I do. /No, I don't."
～『状況設定』から『答え方の練習』までの流れ～」である。

1 状況設定をする

（スクリーンにサルとバナナとハートを映す）
T（教師）：Oh, Monkey, do you like bananas?
　　　　　　Yes, I do.（低めの声で）

（スクリーンにウサギとニンジンとハートを映す）
　　　　　　Rabbit, do you like carrots?
　　　　　　Yes, I do.（高めの声で）

（スクリーンにドラえもん）
　　　　　　Doraemon, do you like….?（少し間を空ける。）
C（子ども）：Dorayaki!

　　ポイント1　どの子も知っているキャラクターを持ってきて、「どら焼き」と子どもたちに言わせるように、少し「間」を空ける。

第2章　授業を展開する

第2章　授業を展開する

```
T : That's right! Do you like dorayaki?
    Yes, I do.（しゃがれた声で）
    Repeat, Yes, I do.
C : Yes, I do.
T : Yes, I do.　C : Yes, I do.
T : Doraemon, do you like mice（mouse の複数形）?
C : No!（同様に、No, I don't. をリピート練習する）
```

ポイント2　"No!" ということを、子どもたちから出させるために、子どもたちの方を見ながら "mice?" と尋ねる。

```
T : That's right. No, I don't.
C : No, I don't.　T : No, I don't.　C : No, I don't.
```

2　答え方の練習をする

```
T : Everyone, do you like bananas?　Yes!（バナナが好きな子に挙手させる）
T : Yes, I do.　　C（バナナが好きな子）: Yes, I do.
T : Yes, I do.　　C : Yes, I do.
```

ポイント3　"Do you like bananas?" と子どもたちに尋ねた後、すぐに、"Yes!" と言って教師が手を挙げる。
バナナが好きな子が手を挙げるので、答え方の練習をする。

```
T : No!（バナナが好きではない子に挙手させる）
T : No, I don't.　C : No, I don't.
T : No, I don't.　C : No, I don't.
```

ポイント4　"No!" も同様に挙手させ、答え方を練習する。この後、リンゴやニンジンのイラストも同様に扱い、答え方を練習する。

（笹原大輔）

（5）ダイアローグ練習の進め方
新法則化㊱　全体を巻き込む指導のポイント

　子どもに自然と発話を促すには、相手の答えが聞きたくなる工夫をすることが必要である。
「友だちの好きな食べ物は何だろう？」「友だちの行ってみたい国はどこかな？」と、相手に「聞いてみたい!!」と思わせる方法がある。

答えを予想させる。

　次のように進める。

1　3人に質問をして、答えさせる（1人ずつ順番に）。
2　1人を指名する。
3　その子の答えをみんなで予想する。

"Do you like ～？／Yes, I do." でのアクティビティを例に挙げる。

1　3人に質問をし、答えさせる

（3人指名して立たせる）
T : One, two, three. Stand up.
T : Do you like bananas?
C_1 : Yes, I do.
T : Very good!!（答えた子を笑顔でほめる）
T : Do you like apples?
C_2 : Yes, I do.
T : Good!!（答えた子を笑顔でほめる）

第2章　授業を展開する

第2章 授業を展開する

> T : Do you like carrots?
> C₃ : No, I don't.
> T : O.K.!! （答えた子を笑顔でほめる）

2　1人を指名する

> T : Any challengers?
> C₄ : Yes!!
> （挙手した子の中で1人を指名して立たせる）
> T : Stand up.
> T : Do you like natto?

ここで子どもが答えようとする前に、ストップをかける。

3　その子の答えをみんなで予想する

> T : Stop!! Everyone guess.
> （答えが"Yes"なのか"No"なのかを子どもたちに予想をさせる）
> T : "Yes" or "No"?
> （"Yes"か"No"どちらかに手を挙げさせる）
> T : "Yes", raise your hand. "No", raise your hand.
> （指名させた子に対して、声を合わせて全員に質問させる）
> T : Everyone question!!
> C₄ : Do you like natto?

　答えが"Yes"or"No"で答えられないダイアローグでも、実践できる。"Where do you want to go?"であれば、"Italy?""America?"というように子どもに予想をさせると良い。どんなダイアローグでも、「聞いてみたい！」という気持ちを持たせることで、子どもたちが積極的に発話をするようになる。

（戸﨑恵）

（5）ダイアローグ練習の進め方

新法則化㊲　ジェスチャーで楽しい雰囲気にする3つのポイント

　ジェスチャーを入れることで授業がより楽しい雰囲気になる。会話の意味を助ける役目もある。ジェスチャーを使わせる際のポイントが3つある。

ポイント1　まず、教師が堂々とジェスチャーをつけて見せる

　例えば、"How are you?" のダイアローグでは、"I'm fine." "I'm cold." などの答えを、ジェスチャーをつけて答える。このとき、教師が恥ずかしがらず、堂々とジェスチャーすることが大切である。子どももその良い手本を真似て、楽しくジェスチャーをすることができる。

ポイント2　上手な子にみんなの前でやらせ、楽しい雰囲気を作る

　教師は自分がジェスチャーをしながらも、子どもたちの動きをよく見ておく。楽しそうにジェスチャーをつけている子のうち、みんなの前でも堂々とできそうな子を指名し、立たせる。みんなの前でその子にジェスチャーをさせ、"Good!!" と力強くほめる。とても楽しい雰囲気になり、教室全体でジェスチャーの動きが大きくなる。そのときには、クラス全体をほめよう。

ポイント3　決して無理強いをさせない

　中には、ジェスチャーがどうしてもできない子や、やらない子がいる。
　しかし、その様な子どもたちを叱ってはならない。発話させることの方が大切である。ジェスチャーは、余裕があればやるぐらいの気持ちで良い。
　授業が楽しく、子どもたちの意欲が高まってくれば、自然と動きをつけたくなるものである。

（松原幸司）

第2章 授業を展開する

（6）アクティビティ・ゲームの進め方

新法則化㊳　ルールややり方は「デモンストレーション」で理解させる

　アクティビティやゲームをするときに大切なことは、全員にやり方を理解させることである。そうでなければ、子どもたちが混乱し、会話がスムーズに進まなくなってしまう。

　ルールを全員に簡単に理解させるコツがある。

> ルールはデモンストレーションで理解させる。

　まず、失敗した授業例である。

　答え方と尋ね方の練習後、ルールを英語で説明した。

> ① First, do the rock-paper-scissors.　② A winner, ask the question.
> ③ A loser, answer the question.
> ④ A winner, ask "Do you like baseball?"
> ⑤ A loser, answer "Yes, I do. / No, I don't."
> ⑥ Switch.　　　　　　　　　　　　　⑦ Finish. Sit down.

　この指示で、全員が分かったと思い、活動を開始した。ところが、ルールややり方が分かっていない子どもがいた。個別に子どもたちにルールを説明しなくてはならず、混乱した。

　TOSS英会話セミナーに参加することで、良い方法を知ることができた。

> 1　1人の子どもを立たせる。
> 2　教師と子どもで、デモンストレーションをする。

　実際にゲームを教師と子ども1人（場合によっては、あと1〜2名）でやってみせることで、全員がルールを確認することができた。言葉の説明（聴覚情報）だけでなく、デモンストレーションの説明（視覚情報）を加えることで、子どもたちは簡単に理解できる。

（清水陽月）

（6）アクティビティ・ゲームの進め方
新法則化㊴　ゲームは「小」から「大」へ進める

　ゲームは、まずは数人、あるいは数グループだけでやってみせ、やり方が分かった上で、全員にさせる。こうすればスムーズに活動が進む。
　TOSS英会話セミナーでビデオ審査に挑戦したときのことである。
　5年生の学級での英会話授業のビデオを講師である渡邉憲昭氏に見ていただいた。私が知りたかったのは、「リレーゲームにおいて、子どもたちがざわざわしてスムーズにゲームが進まないのをどうしたら良いか」ということであった。リレーゲームとは、「列対抗で、先頭から順に前後のメンバーで会話し、最後まで進むと終わり」という簡単かつ子どもが熱中するゲームである。渡邉氏は、明確に答えてくれた。

「ゲームは『小から大へ』が基本です」

　これは大きな学びであった。私はそれまで、以下の流れで授業を行っていた。
① 1列を見本とし、ゲームをやってみせる（デモンストレーション）。
② 全部の列を立たせ、リレーゲームをする。

　渡邉氏から学んでからは、次のような流れで行うようになった。
① 1列でやってみせる。
② 別の2列でやってみせる。
③ 別の3列でやってみせる。
　（学級に6列あれば、これで全ての列が1回ずつリレーゲームを行ったことになる）。
④ 全部の列で一度に行う。
⑤ 速かった2チームで決勝戦！

　ゲームがスムーズに進み、かつより楽しくなった。　　　　　　　（井戸砂織）

第2章 授業を展開する

（6）アクティビティ・ゲームの進め方
新法則化⑩　ゲームに、アイコンタクトや笑顔を入れていくポイント

　ゲームをすると、子どもたちは勝つために必死になる。そのため、すごいスピードで会話をする。もちろん、早くできたこともほめるが、勝敗とは直接関係がない「アイコンタクト」「笑顔」を評価することも大切である。

1　「アイコンタクト」ができていることをほめる。

　コミュニケーションを図る時に、相手の目を見て話すのは、言語に関係なく重要である。お互いの目を見ることで、相手に自分の思いや意見を、よりはっきりと伝えられるからだ。
　この「アイコンタクト」を、常に意識して会話をさせていきたい。そのために、相手の目をよく見て会話をしている子どもを見つけて、次のようにほめる。

```
Eye contact, very good!
```

　勝敗を競うゲームの場合、勝ちたいがために、相手を全く見ず、適当に発話して、活動を終わってしまう子が出てくることがある。そんな時は、アイコンタクトをとりながら会話をしていた子どもを見つけてほめたい。

2　「笑顔」で会話したことをほめる。

　笑顔であることも、相手と気持ちよく会話を進める上で、大切なことである。笑顔の子どもがいたら、次のようにほめる。

```
Smile, good!
```

　教師がほめることで、子どもは笑顔で会話することを意識するようになる。笑顔の子どもが増えることで、教室の雰囲気も格段に良くなる。

（岩井友紀）

（6）アクティビティ・ゲームの進め方
新法則化㊶　簡単にすぐできる楽しいゲームを3つ知っておく

　ゲームは楽しい。子どもたちが熱中する。
　しかし、ルールややり方の説明がうまくできないと、混乱することもある。そこで、次のことをまず目指すと良い。

簡単にすぐできる楽しいゲームを3つはできるようにしておく。

　特にお薦めなのは、次の3つである。

1　Simon says ゲーム（1～3分程度）
2　ジェスチャーゲーム（3分程度）
3　キーワードゲーム（5分程度）

　この3つのやりかたを知り、英会話の時間でなくてもよいので、隙間時間などにやってみるとよい。やってみることで、次第に英語のゲームの指導の仕方に慣れていく。英語のゲームの指導で重要なポイントは以下である。

実際にやってみせることで、ルールややり方を理解させる。

　簡単な英語の指示と実際にやってみせること（デモンストレーション）でやり方やルールを理解させる。この方法は、授業に集中できない子、発達障がいをもつ子どもなど特別支援が必要な子にもやさしい。

ゲームで使う簡単な指示

① Make pairs.（2人組を作ります）
② Talk with many persons.（多くの人と話しましょう）
③ Finish and sit down.（終わったら、座りましょう）

第2章　授業を展開する

第2章 授業を展開する

1 Simon says ゲーム

教師が"Simon says"をつけて英語の指示を言ったときだけ、子どもが英語の指示に従うゲームである。

例えば、"Stand up.""Sit down.""Touch your head.""Walk.""Stop."などの指示を使う。さらに、慣れてくると、"Sleep.""Take a bath."のような指示も楽しい。

授業の始めや終わり、子どもがだれてきたときなどに1〜3分間行うことで、子どもたちのテンションも上がり、楽しい雰囲気になる。

教師がジェスチャーをつけながら、次の指示を出す。

| Simon says, stand up.　Simon says, sit down. |

指示通りにできた子を"Good!"とほめる。

慣れてきたところで、"Simon says"をつけず、次の指示を出す。

| Stand up. |

ここで立った子に対して、"No."と言って座らせる。

そして、"Simon says"を強調して次の指示を出す。

| Simon says, stand up. |

ここで立った子どもを"Good!"と力強くほめる。

立っていない子は立たせる。

その後、"run""jump""stop"などを入れて指示を出していく。

| Simon says, run.　Simon says, stop.
Simon says, jump.　Simon says, stop. |

この Simon says ゲームのポイントは、以下である。

"Simon says" をつけずに、"Run!" などと教師が大きな動作をしながら指示を出して、ひっかける。

子どもたちからは「もっとやりたい！」とアンコールが起こるゲームである。

2 ジェスチャーゲーム

ジェスチャーを見て、何を表しているかを当てるゲームである。

最初は教師がジェスチャーをし、子どもが当てる。

"What's this?" と言って、ジェスチャーをする。

例えば、スポーツの単語を学習した後ならば、"football" "baseball" "tennis" などのジェスチャーをする。

挙手した子を指名し、発表させる。

正解の場合、"That's right!"（You're right!）と、笑顔でほめる。

やり方が分かった後は、子どもたちにジェスチャーをさせる。

ポイントは、以下である。

正解した子が、次にジェスチャーをする。

こうすることで、リズムとテンポよく進行できる。

ここでは、やんちゃ君が大活躍する。

クラスが笑いでいっぱいになる。

さらに変化をつけて、グループ毎でゲームをしてもよい。

人数が少なくなることで、どの子も参加することができるようになる。

このゲームは、「スポーツ」「動作」などの単語が適している。

3 キーワードゲーム

「英語ノート」にも掲載されているのが、このキーワードゲームである。

実際の指導は、以下のように行う。

第2章 授業を展開する

例えば、動物の単語（dog, cat, pig, cow, horse）を練習したとする。

Let's play the "key words game"!

キーワードを担任やＡＬＴが決める。

Key word is "pig".

キーワードを決めた際は、次がポイントである。

キーワードのカードを黒板に掲示する。

聴覚情報だけでなく、視覚情報としても提示することで、どの子も安心してゲームに取り組むことができる。
　その後、２人組を作らせる。

Make pairs.

２人組をサッと作らせるために、以下のルールを決めておくとよい。

２人組を作るときは、教室の座席の隣の人となる。

こうすることで、時間をかけずにゲームが進行できる。
　次に、消しゴムを手にとり、ペアの中央に置くようにジェスチャーでも示す。担任やＡＬＴが発音した英語を繰り返して言い、２回手を叩く。

| Ｔ（教師）：dog | Ｃ（子ども）：dog　パンパン（手拍子） |
| Ｔ：cat | Ｃ：cat　パンパン（手拍子） |

これを続けて行う。キーワードを教師が言ったときに、早く消しゴムを取った方が勝ち。
　楽しみながら、かつ発話する回数も確保できるのがこのゲームの良さである。
　　　　　　　　　　　　　　　　（南達也）

（7）子どもが熱中する2文ダイアローグ指導

新法則化㊷ "How are you ？／ I'm fine." を、フラッシュカードで楽しく教える

"How are you?" "I'm fine." は、フラッシュカードがあれば、楽しい授業を展開することができる。

【準備物】フラッシュカード（fine, hot, cold, hungry ）

【本時の単語・ダイアローグ】

① 単語（fine, hot, cold, hungry ）
② A: How are you ？ B: I'm fine.

【指導の流れ】

1 単語練習をする（fine, hot, cold, hungry）
2 状況設定をする
3 ダイアローグの口頭練習をする
4 アクティビティをする

1 単語練習をする

　fine, hot, cold, hungry のカードを見せながら、単語練習をする。

第2章 授業を展開する

(1) 教師に続いて2回ずつ復唱する

T（教師）: fine	C（子ども）: fine	T : fine	C : fine
T : cold	C : cold	T : cold	C : cold
T : hot	C : hot	T : hot	C : hot
T : hungry	C : hungry	T : hungry	C : hungry

(2) 教師に続いて1回ずつ復唱する

T : fine	C : fine
T : cold	C : cold
T : hot	C : hot
T : hungry	C : hungry

(3) 子どもだけで発話する

C : fine   C : cold   C : hot   C : hungry
T : Very good!

(4) ジェスチャーをつけて練習をする

T : With gestures.
　（ジェスチャーをしながら）fine　C : fine　T : fine　T : fine
（以下、ジェスチャーをしながら進める）

T : cold	C : cold	T : cold	C : cold
T : hot	C : hot	T : hot	C : hot
T : hungry	C : hungry	T : hungry	C : hungry

　教師が、思い切ったジェスチャーをして、お手本を示す。

2　状況設定をする
(1) 教師と子どもで

T : I'm fine. Everyone! How are you? How are you?
　　○○さん、Stand up! How are you?

C : I'm hungry.
T : You're hungry! Very good!
　　Everyone! How are you?
　　○○くん、Stand up!　How are you?
C : I'm hot. T: Good!

　まず、教師が、答え方のお手本を示して、子どもを2名指名して、教師の質問に答えさせる。子どもが、うまく答えられない場合は、"fine? hot?"などと言って、答え方を教えるとよい。

3　ダイアローグの口頭練習をする
(1) 答え方の練習をする

Everyone! Repeat! I'm hot.　　C : I'm hot.
T : I'm hungry.　　C : I'm hungry.
T : I'm fine.　　C : I'm fine.　T : I'm cold.　　C : I'm cold.
T : How are you?　C : I'm hot.　T : How are you?　C : I'm hungry.
T : How are you?　C : I'm fine.　T : How are you?　C : I'm cold.

　教師が、フラッシュカードをめくり、イラストを見せながら進める。

(2) 1人ずつ答える

T : Good! one,two,three, Stand up!!　○○くん、How are you? I'm?
C : I'm cold.
T : You're cold. Very good!
○○さん！How are you?
C : I'm hot.
T : You're hot.　Good!
○○さん、How are you?
C : I'm hungry.
T : Oh! Me too! Very good!

第2章　授業を展開する

第2章 授業を展開する

（3）尋ね方の練習をする
① 教師に続いて繰り返す

> T：How are you?　C：How are you?　T：How are you?　C：How are you?
> T：How are you?　C：How are you?　T：How are you?　C：How are you?

② 男女に分かれて、教師に続いて繰り返す

> T：Boys! Stand up!
> T：How are you?　C: How are you?　T：How are you?　C：How are you?
> T：Very good! Girls! Stand up!
> T：How are you?　C：How are you?　T：How are you?　C：How are you?

③ 子どもが尋ねて、教師が答える練習をする

> T：Everyone! Ask me!
> C：How are you?
> T：I'm…., I'm hungry.

④ 1人とその他の子ども全員で練習をする

> T：Aさん、Stand up! Ask her!
> C_A：How are you? C: I'm cold.
> T：Very good!
> 　　Bくん! Stand up! Everyone, Ask him.
> C_B：….
> T：Stop!! Everyone, guess!
> C：(予想をして、口々に言う)
> T：Bくん, hungry? cold?　fine? hot? (挙手を促す)
> 　　Everyone! Ask him.
> C：How are you?　C_B：I'm fine!!
> T：Very good!

1人の子どもを指名して、全員にその子どもの答えを予想させる場面を設定する。予想が当たっても、はずれても楽しい時間となる。

4 アクティビティをする

"How are you?" " I'm fine." を活用して、友だちと会話をする。(1) 教師と子どもで、デモンストレーションを行う

```
T：(歩いて、友だちを見つける) Walk! O.K. ○○くん、Stand up,
   please! Hello!    C：Hello!   T：How are you?   C：I'm hungry.
T：Very good! Ask me!
C：How are you?   T：I'm hungry, too. Good bye! Walk! Hello!
C：Hello!        T：How are you?    C：I'm cold.
C：How are you?  T：I'm hungry. Bye!  C：Bye!
T：Talk to three persons and go back to your seat.
```

このように、教師と子どもで、「3人の友だちと会話をしたら、席に戻る」ことを例示する。

(2) 会話をスタートする

```
T：Stand up, please! Ready go!
C：(子役が歩きまわって、会話をする)
T：O.K. Three, two, one, zero! Go back to your seat!
```

(3) 代表を前に出して、発表させる

最後に、良い姿の子どもを前に出して、発表させる。

```
T：Dさん、Eくん、Come here please!
C (Dさん)：Hello!       C (Eくん)：Hello!
C (Dさん)：How are you?  C (Eくん)：I'm hungry!
C (Eくん)：How are you?  C (Dさん)：I'm fine!
T：Dさん、Smile very good! Eくん！Gesture very good!
```

(小井戸政宏)

第2章 授業を展開する

（7）子どもが熱中する２文ダイアローグ指導
新法則化㊸ "What's this?"は、動物のジェスチャーで盛り上げる

　What's this? のダイアローグは，定番中の定番のダイアローグである。簡単で，かつちょっとした工夫をするだけで，さらに楽しく練習できるダイアローグである。

【準備物】
フラッシュカード
① dog　② cat　③ pig,
④ cow　⑤ horse

フラッシュカードを前から①dog、⑤horse、④cow、③pig、②catの順に並べる。
この番号で並べるとうしろから前にめくると①→②→③→④→⑤と単語を言うことができる。

【既習事項】
　特になし

1　単語練習をする

　フラッシュカード（dog, cat, pig, cow, horse）を見せながら、単語練習をする。

（1）　教師に続いて２回ずつ復唱する。

T（教師）: dog	C（子ども）: dog	T : dog	C : dog
T : cat	C : cat	T : cat	C : cat
T : pig	C : pig	T : pig	C : pig
T : cow	C : cow	T : cow	C : cow
T : horse	C : horse	T : horse	C : horse

（2）教師に続いて１回ずつ復唱する

| T : dog | C : dog | T : cat | C : cat |

122

T：pig	C：pig		T：cow	C：cow
T：horse	C：horse			

（3）子どもだけで発話する（言えないときは、教師も一緒に言う）

T：（カードをめくる）
C：dog, cat, pig, cow, horse
T：Very good!

　単語が定着できていないときは、男子だけ、女子だけで言わせたり、一瞬やひらひら見せて当てたり、やりたい子に立たせてバトルをさせたりするなどして、楽しく繰り返して練習をさせる。

2　状況設定をする

　カードを一瞬見せたり、一部を見せたりして、子どもたちが直感的に、「これ何？」と尋ねていることが分かるようにする。
　答えが分かった子どもを力一杯ほめる。ほめることによって答えたいという気持ちにさせる。

①一瞬見せて、"What's this?" ときく

T：What's this?（一瞬見せる）
C：Cat!
T：That's right! It's a cat.
C：It's a cat.
T：It's a cat.
C：It's a cat.

②じわじわと上から見せて、"What's this?" ときく

T：What's this?（縦のじわじわカード）
C：It's a dog.
T：O.K. Very good! It's a dog.
C：It's a dog.

第2章　授業を展開する

```
T： It's a dog.
C： It's a dog.
```

③じわじわと左から見せて、"What's this?" ときく

```
T： What's this?（横のじわじわカード）
C： It's a pig.
T： OK． Good!　It's a pig.　　C： It's a pig.
T： It's a pig.　　　　　　　　C： It's a pig.
```

3　ダイアローグ練習をする
（1）答え方の練習
①教師に続いて繰り返す

フラッシュカードをめくりながら，教師に続いて1回ずつリピートする。

```
T： It's a cow.　　　C： It's a cow.
T： It's a horse.　　C： It's a horse.
T： It's a cat.　　　C： It's a cat.
T： It's a dog.　　　C： It's a dog.
```

②教師が尋ね，子どもが答える

```
T： What's this?（ここだけ若干スピードをゆるめる）
C： It's a pig.
T： What's this?　　C： It's a cow.
T： What's this?　　C： It's a horse.
T： What's this?　　C： It's a cat.
```

③1人ずつ答える

一列指名して立たせて，1人ずつ答えさせる。

```
T： This line, stand up.  What's this?（1人ずつ答えさせる）
C： It's a cat.
T： Very good!  What's this?
C： It's a dog.
T： What's this?
```

C：	It's a pig.
T：	Very good!

（2）尋ね方の練習をする
① 教師に続いて繰り返す
　一度に全部言わずに、まずは、短く区切って練習をする。

T： What's	C： What's
T： What's	C： What's
T： this	C： this
T： this	C： this
T： What's this?	C： What's this?
T： What's this?	C： What's this?
T： What's this?	（ここから，若干スピードが速くなる）
C： What's this?	
T： What's this?	C： What's this?

②子どもが尋ね，教師が答える練習をする

T：	Everyone, What's this ? One, two!
C：	What's this?
T：	It's a pig.
C：	What's this?
T：	It's a cow.
C：	What's this?
T：	It's a horse.
C：	What's this?
T：	It's a cat.

③１人とその他の子ども全員で練習をする（列指名）
　1列指名して立たせて，1人ずつ答えさせる。指名された子どもは全員に尋ねる。

T：	This line, stand up.
C：	What's this?　全員： It's a cat.

第２章　授業を展開する

第2章　授業を展開する

```
C : What's this?　全員：It's a dog.
C : What's this?　全員：It's a pig.
T : Very good!
```

4　アクティビティをする

互いにジェスチャーをし、それが何の動物か当て合う。

(1) デモンストレーションを行う

①2人組を作らせた後，1人指名して前に出す

```
T: Make pairs and sit down.　Any volunteers?　Come here.
```

②教師が尋ね、子どもが答える。→子どもが尋ね、教師が答える

```
T : Look carefully.
    What's this?（犬のまねをする）
C₁: It's a dog.
    ※　次は役割交代する。
C₁: What's this?（豚のまねをする）
T : It's a pig.
```

(2) 実際に子ども同士で行う

```
T : (指で交互に指しながら) One, two, three, four, finish. And sit down.
    (交代で4問問題を出し、終わったら座ることを指示する)
    Everyone stand up. Ready, set, go!
```

つまずいているペアがいないか，全体の様子を見る。

(3) 前で発表する

ペアで練習した後、代表の2〜3ペアにクラスの前で発表させる。

"Any challengers?" など立候補を促し、発表させる。発表後は、挑戦したことや上手に発話できていたことを、思い切りほめる。

（水野彰子）

（7）子どもが熱中する2文ダイアローグ指導

新法則化�44　"What color is it?" の状況設定は、ペットボトルを使った楽しい手品で行う

"What color is it?" は、身近な「色」を尋ねるダイアローグであるので、簡単かつ楽しく授業できる。

状況設定は、ペットボトルを使った手品がお薦めだ。どの子も「ぐいっ」とひきつけられること間違いなしである。

状況設定の原実践は四方智子氏、アクティビティの発案は井戸砂織氏である。

【準備物】
ペットボトル（4本）
水彩絵の具（赤、青、黄、緑）
フラッシュカード（red, blue, yellow, green）
色カード（子ども1人に1枚ずつ）

【色カード】

【事前の準備】
ペットボトルのふたの裏に絵の具をつけておく。
ペットボトルの9分目くらいまで水を入れておく。

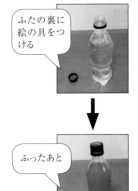
ふたの裏に絵の具をつける

ふったあと

【準備物の留意点】
ふたの裏の絵の具が溶けて落ちてこないように、ふたの裏に絵の具をつけた後、数分間そのままにして乾燥させる。（しかし、乾燥させすぎると、今度は水に溶けにくくなるので、事前に試しておくことが望ましい）

【既習事項】
① A : What's this?　　B : It's 〜.

第2章　授業を展開する

第2章 授業を展開する

1 単語練習をする
(1) 2回ずつリピート練習する

T（教師）：red（赤のフラッシュカードを見せる）	C（子ども）：red
T：red.　　　　　C：red.	
T：blue（青のフラッシュカードを見せる）	C：blue
T：blue　　　　　C：blue	
T：yellow（黄色のフラッシュカードを見せる）	C：yellow
T：yellow　　　　C：yellow	
T：green（緑のフラッシュカードを見せる）	C：green
T：green　　　　C：green	

(2) 1回ずつリピート練習する

T：red（赤のフラッシュカードを見せる）	C：red
T：blue（青のフラッシュカードを見せる）	C：blue
T：yellow（黄色のフラッシュカードを見せる）	C：yellow
T：green（緑のフラッシュカードを見せる）	C：green

(3) 子どもだけで発話する

T：(赤のフラッシュカードを見せる)	C：red
T：(青のフラッシュカードを見せる)	C：blue
T：(黄色のフラッシュカードを見せる)	C：yellow
T：(緑のフラッシュカードを見せる)	C：green
T：Very good!（笑顔でほめる）	

2 状況設定をする

透明のペットボトルの水が何色に変わるのかを尋ねる。

T：What color is it?（と言って、赤の絵の具のついたペットボトルを上下にふる）	
C：Red!	
T：That's right. It's red!	C：It's red.
T：It's red.	C：It's red.
T：What color is it?（と言って、青の絵の具のついたペットボトルを上下	

にふる）
C： Blue!
T： That's right. It's blue!　　　　C： It's blue.
T： It's blue.　　　　　　　　　　　C： It's blue.
T： Everyone guess. What color is it?（子どもに予想させる。頭に指をあて首をかしげ、考えるジェスチャーをしながら尋ねる）
C： It's yellow!（子どもが口々に言うので"Really?"などと対応しながら）
T： That's right.（黄色のペットボトルを上下に振って）It's yellow !
C： It's yellow.
T： It's yellow.　　　　　　　　　C： It's yellow.
T： Last. What color is it?（緑のペットボトルを指さして）
C： It's green!
T： Very good!（緑のペットボトルを上下に振って）It's green !
C： It's green.
C： I t's green.　　　　　　　　　C： It's green.

　この状況設定は子どもがぐっとひきつけられる。
　子どもに予想させる箇所では"Green!""Yellow!"と口々に答えるので、"Really?"などと返答して、子どもとのやり取りを楽しみたい。

　また、"What color is it?"と尋ねたら、すぐにペットボトルをふる。ペットボトルの水は透明なので、間が空くと、子どもは何と答えて良いか分からなくなる。

3　ダイアローグの口頭練習をする
（1）教師の後に続いて答え方の練習をする

T： It's red.（赤のフラッシュカードを見せる）
C： It's red.
T： It's blue.（青のフラッシュカードを見せる）
C： It's blue.
T： It's yellow.（黄色のフラッシュカードを見せる）
T： It's yellow.
T： It's green.（緑のフラッシュカードを見せる）

第2章 授業を展開する

C：It's green.

（2）教師が尋ね、子どもが答える

T：What color is it?（赤のフラッシュカードを見せながら、子どもに尋ねるように発話する。ややゆっくりめに発話する）
C：It's red.
T：What color is it?（青のフラッシュカードを見せる）
C：It's blue.
T：What color is it?（黄色のフラッシュカードを見せる）
C：It's yellow.
T：What color is it?（緑のフラッシュカードを見せる）
C：It's green.

（3）教師が尋ね、子ども1人が答える

T：One, two, three, stand up.（手で1人ずつ "One""two""three" と示す）
T：What color is it?（フラッシュカードを1枚見せる）
C₁：It's ○○.
T：Good! What color is it?（次の子にフラッシュカードを1枚見せる）
C₂：It's □□.
T：Good! What color is it?（最後の子にフラッシュカードを1枚見せる）
C₃：It's △△.
T：Very good!

（4）教師の後に続いて尋ね方の練習をする

T：Repeat, What color（子どもを手で示し、発話するように促す）
C：What color
T：What color　　　C：What color
T：What color is it?　C：What color is it?
T：What color is it?　C：What color is it?
T：Boys, stand up. What color is it?　Boys：What color is it?
T：What color is it?　Boys：What color is it?

T : Girls, stand up. What color is it?　　Girls : What color is it?
T : What color is it?　　Girls : What color is it?

　この指導手順は"What's this?"と同じである。（122頁参照）

（5）子どもが尋ね、教師が答える

T : Ask me.
C : What color is it?（赤フラッシュカードを見せる）
T : It's red.
C : What color is it?（青のフラッシュカードを見せる）
T : It's blue.
C : What color is it?（黄色のフラッシュカードを見せる）
T : It's yellow.
C : What color is it?（緑のフラッシュカードを見せる）
T : It's green.

（6）子ども1人が尋ね、全員が答える

T : What color is it?（黒板を指さして尋ねる）
C : It's black.
T : Very good! Any challengers?
C₁ : What color is it?（教室にあるもの、または私物を指さして尋ねる）
C : It's ○○.

　これまでフラッシュカードで練習してきたが、ここでは教室にあるものや身近なものを指して「何色か」を尋ね答える。ホワイトボードのWhiteや机のBrownなどが出てくるが、それがまた楽しい。

第2章 授業を展開する

4　アクティビティをする

自分の色カードと同じ色カードを持つ子を探すアクティビティをする。

(1) デモンストレーションをする

T： Any challengers?（挙手して挑戦者を募る）

T： One, two, three, please come here.（3名指名して前に来させる）

T： Here you are.（1人に1枚ずつ色カードを渡す。1人目（C_1）には blue、2人目（C_2）、3人目（C_3）には red のカードを渡す。教師は red を持つ）

T： Secret.（何色のカードか、自分以外の誰にも分からないように手で隠す）

T： Walk, walk.（と言って C_1 のところまで歩く）
　　Hello!

C_1： Hello.

T： What color is it?（C_1 の持っているカードを指さしながら尋ねる）

C_1： It's blue.（自分のカードを教師に見せさせる）

T：（教師を指さし、尋ね返すようにジェスチャーする）

C_1： What color is it?

T： It's red.（自分のカードを C_1 に見せる）
　　blue（と言って C_1 を指す）
　　red（と言って自分を指す）
　　Bye.（C_1 と離れるジェスチャーをする）

T： Walk, walk.（と言って C_2 のところまで歩く）
　　Hello!

C_2： Hello!

T： What color is it?（C_2 の持っているカードを指さしながら尋ねる）

C_2： It's red.（自分のカードを教師に見せさせる。そして、教師にも尋ねるようにジェスチャーする）

C_2： What's color is it?

T： It's red.（自分のカードを C_2 に見せる）
　　red（C_2 を指す）
　　red（自分を指す）

仲間！（C_2 と手をつなぐ）

T & C₂ : Hello!　What color is it?   C₃ : It's red.（自分のカードを見せる）   　　What color is it?   T & C₂ : It's red.（と言って、3人で手をつなぐ）

（2）アクティビティをスタートする

T : Here you are.（絵カードを1人に1枚ずつ配る）   　　Everyone stand up.（全員を立たせる）   　　仲間集めゲーム、ready, go!（教師もアクティビティに参加する）

（3）終了し、確認する

T :（ある程度グループができたら）Three, two, one, finish!   　　Sit down!（グループごとにその場に座らせる）   T : This group, stand up.（1番人数の多いグループを立たせる）   　　Everyone ask them.   T & C : What color is it?　Group1: It's ○○.   T : ○○ group?（ほかにも同じ色のグループがないか尋ねる。同じ色のグループがあれば、尋ね、答えさせる）T : This group, stand up.（2番目に人数の多いグループを立たせ、同様に尋ね、答えさせる。以上をすべてのグループに対して行う）

（荻野珠美）

第2章　授業を展開する

第2章 授業を展開する

（7）子どもが熱中する2文ダイアローグ指導

新法則化㊺　どっちを選べばいいのかを選ぶ楽しさで、子どもが熱中する "Which do you like?"

「大好きな2つから、1つだけ選びなさい。」子どもたちは選ぶのに困りながらも、大いに盛り上がる。

　そんな活動にぴったりなのが Which do you like? のダイアローグである。このダイアローグを楽しく行うためには、選択する内容に関わってくる。選ぶポイントは、次の2点である。

①子どもの身近なもの　　②子どもが好きなもの

【本時の指導単語・ダイアローグ】
～どっちのお店に行きたいか誘ったり、答えたりする～

A： Which do you like?　　B： I like Mac/Mos.
A： Let's go.　　　　　　 B： O.K.

【準備物】
① 「Mac」「Mos」のマークのイラスト
② 12時の時計の絵

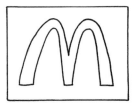  

【既習表現】

A： Let's go.　　　　　　 B： O.K.

【指導の流れ】

1　状況設定をする。
2　ダイアローグの口頭練習をする。
3　アクティビティをする。

　本来なら単語練習を行うが、今回は「Mac」「Mos」は子どもに馴染みのある単語なので単語練習はしない。

1　状況設定をする

お昼になったので、友だちをご飯に誘う場面。

(1) お昼になり、友だちを誘う

T（教師）：キーンコーン、カーンコーン。（12時のチャイム）
　　　　　　Lunch time!（うれしそうに）
　　　　　　I'm hungry.（手をおなかに当てる）
　　　　　　Hi, ○○.
C（子ども）：Hi, □□.
T：Let's eat out.（明るく誘う）　C：O.K.

(2) どっちのお店に行きたいか尋ねる

T：(絵を見せながら) Which do you like?
C：I like Mac/Mos.
T：(指さしながら) Let's go.　C：O.K.

第2章 授業を展開する

黒板に2つのお店のマークを貼る。Which do you like ?と尋ねるときは、人差し指で2つのお店を交互に指して、「どっちかな。」という表情をする。

 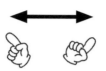

2　ダイアローグ口頭練習をする
(1) 答え方を練習する
　教師の後について、「2回→1回→質問されて答える（全体）→列指名（個人）」の流れで練習をする。

①2回ずつ繰り返す

（Mac と Mos の絵を指しながら）
T：I like Mac.　C：I like Mac.　T：I like Mac.　C：I like Mac.
T：I like Mos.　C：I like Mos.　T：I like Mos.　C：I like Mos.

②1回ずつ繰り返す

（Mac と Mos の絵を指しながら）
T：I like Mac.　C：I like Mac.　T：I like Mos.　C：I like Mos.

③教師が尋ね、子どもが答える

T：Which do you like?（Mac の絵を指さしながら）
C：I like Mac.
T：Which do you like?（Mos の絵を指さしながら）
C：I like Mos.

※まだ発話がスムーズでなければ、練習回数を増やす。

④教師が尋ね、子どもが答える

　1列立たせて、1人ずつ答えられるかを確認する。

```
T: Which do you like?   C: I like Mac. （子どもに自由に答えさせる）
T: Which do you like?   C: I like Mos.
```

（2）尋ね方を練習する

　教師の後について、「全体で練習する→教師に尋ねる→友だちに尋ねる」の順で行う。

①全体で練習する

```
T: which           C: which           T: which           C: which
T: do you like     C: do you like     T: do you like     C: do you like
T: Which do you like?                 C: Which do you like?
T: Which do you like?                 C: Which do you like?
```

　リズムよく、区切って発話することで、ダイアローグの定着を図る。

②クラス全体で質問し、教師が答える

```
T: (「両手で質問するんだよ」というジェスチャーをする)
   Everyone, ask me.
C: Which do you like?   T: I like Mac.
C: Which do you like?   T: I like Mos.
```

③1人とその他の子ども全員で練習する

　1列指名する。その他の子ども全員で尋ねて、指名された子どもはその質問に答える。

```
T: This line, stand up. One by one.
   Everyone, ask him. Which do you like?
C: Which do you like?   C: I like Mac.
```

　1人で答えた子どもを大いにほめる。

第2章 授業を展開する

3 アクティビティをする

> 友だちを食事に誘う場面。

流れは以下の通りである。

（1）教師と子どもでデモンストレーションを行う。
（2）アクティビティをスタートする。
（3）数名のペアが発表する。

（1）教師と子どもでデモンストレーションを行う

代表の子どもを選び、教師とデモンストレーションを行う。

> （教師が誘う役、子どもが誘われる役）
> T：Hi. C：Hi.　　T：Which do you like?　　C：I like Mac.
> T：Let's go.　　C：O.K.（2人で歩くジェスチャーをする）
> T：Switch.（役割を変える）
> C：（子どもから誘うように促す）Hi.　　T：Hi.
> C：Which do you like?　　T：I like Mos.
> C：Let's go.　　T：O.K.

誘う役、誘われる役の2役をどちらも行う。

（2）アクティビティをスタートする

> （「これからやるんだよ」という雰囲気で）
> T：Make pairs. Ready, set, go.

（3）数名のペアが発表する

> T：Any challengers?

できるだけ立候補させる。上手にできたら思い切りほめる。

1回だけの練習では子どもは忘れてしまう。

そこで、MacやMosだけでなく、カレー屋や牛丼店、回転すし店など地域にあるお店を使って、ダイアローグの練習をした。

お店の名前が増えたことによって、子どもたちはどのお店に行きたいのか楽しみながら悩みながら練習をした。

このちょっとした変化のおかげで、このダイアローグを飽きずに繰り返し練習ができ、定着させることができた。

（清水陽月）

（7）子どもが熱中する２文ダイアローグ指導

新法則化㊻　"How is the weather?" は、状況設定を２段階で組み立て、意味を理解させる

「今日の天気はどう？」は朝起きたときによく言う言葉である。一度授業すれば、授業の最初に毎時間会話できる。状況設定に変化をつけて繰り返すことで、子どもたちは意味を直感的に理解することができる。

【準備物】

① フラッシュカード（sunny, cloudy, rainy, snowy）
② インターネットの天気予報や新聞の拡大コピー
③ インフォメーションギャップのワークシート（206頁参照）

①フラッシュカード
『小学校英語活動　３６５日の授業細案すぐ使えるゲーム＆イラスト集』（明治図書）より

②Yahoo 天気の画像

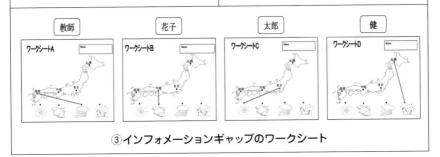

③インフォメーションギャップのワークシート

第２章　授業を展開する

第2章　授業を展開する

1　単語練習をする

sunny, cloudy, rainy, snowy のカードを見せながら単語練習をする。

※子どもが英語を言うことに慣れていなければ、snowy はなくてもよい。

2　状況設定をする

朝起きて、外を見たり、インターネットや新聞を見たりして、今日の天気を尋ねる場面を演じる。

以下、（1）（2）の2段階で組み立て、意味を理解させる。

（1）朝起きて、外の天気を聞く場面

（目覚まし時計を鳴らす）

T（教師）： Good morning.　How is the weather?（カーテンを開けて外を見る）

C（子ども）： Sunny.

T： Very good!（1番早く答えた子どもを力強くほめる）
　　It's sunny.　　　C： It's sunny.

T： It's sunny.　　　C： It's sunny.

本当に「今の天気はどう？」と知りたがっているように外を見る。

（2）インターネットを見て、他の場所の天気を聞く場面を演じる

（インターネットの天気予報のサイトを見せて、尋ねる。新聞の天気予報を見せても良い）

T： How is the weather in Tokyo?

T： Sunny.

T： Very good! It's sunny.　　　C： It's sunny.

T： It's sunny.　　　C： It's sunny.

T： How is the weather in Okinawa?

C： It's rainy.

T： Very good.（3回目なので、文で答えられた子どもをほめるようにする）
　　It's rainy.

T： It's rainy.　　T： It's rainy.　　C： It's rainy.

子どもに天気図が見えるように提示する必要がある。インターネットのサイトや新聞の天気図を拡大コピーするとよい。

3　ダイアローグ口頭練習をする
(1) 答え方の練習をする
①全体で練習する
教師がフラッシュカードをテンポよくめくりながら、発話する。

T：It's sunny.　C：It's sunny.　T：It's cloudy.　C：It's cloudy
T：It's rainy.　C：It's rainy.

②教師が尋ねて、子どもが答える
①から②に変わるときに、若干めくるスピードをゆっくりにして、本当に「天気はどう？」と尋ねているように言う。

T：How is the weather?　　C：It's sunny.
T：How is the weather?　　C：It's cloudy
T：How is the weather?　　C：It's rainy.

③1人ずつ言わせる（列指名）
1列指名し立たせる。教師はフラッシュカードをめくる。

T：This line, stand up! How is the weather?
C：It's sunny.
T：How is the weather?　　C：It's cloudy.
T：How is the weather?　　C：It's rainy.

(2) 子どもが尋ね、教師が答える
①全体で練習する
ダイアローグが長いので、区切って練習する。

T：weather　C：weather　T：weather　C：weather
T：is the weather　　　　C：is the weather

第2章　授業を展開する

第2章 授業を展開する

```
T : is the weather            C : is the weather
T : How is the weather?       C : How is the weather?
T : How is the weather?       C : How is the weather?
```

②男女分かれて練習する

男子（女子）だけ立たせて言わせることで、緊張感をもたせる。

```
T : Boys, stand up.
    How is the weather?       C : How is the weather?
T : How is the weather?       T : How is the weather?
    ("Big voice, good." など評価をする)
T : Girls, stand up.
    How is the weather?       C : How is the weather?
T : How is the weather?       C : How is the weather?
    ("Very good." など評価をする)
```

③子どもが尋ね、教師が答える

教師はフラッシュカードをめくり、リズムを作る。

```
T : Ask me.                   C : How is the weather?
T : It's sunny.
C : How is the weather?       T : It's cloudy.
C : How is the weather?       T : It's rainy.
```

④1人と全員で練習する

1列指名し立たせる。1人ずつ尋ねさせる。教師はカードをめくり、残りの子もがカードの天気を答える。

```
T : This line, stand up! Ask, everyone.
(子ども1人) : How is the weather?     全員 : It's sunny.
(子ども1人) : How is the weather?     全員 : It's cloudy.
(子ども1人) : How is the weather?     全員 : It's rainy.
```

4　アクティビティをする

インフォメーションギャップワークシートを使い、友だちと話すことで、知らない情報を得る。

（1）デモンストレーションをする
①3名を指名して前に呼び、使うワークシートを全員に見せる

T： Any volunteers? Come here.（3名を前に出す）

教師は、やり方説明用ワークシートAを、児童はB・C・Dを持つ。

※指名した3名（花子、太郎、健）に持たせるワークシートの例

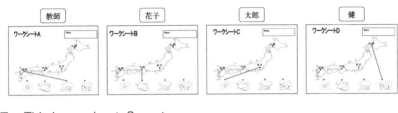

T： This is my sheet. Secret.

前に立った4名は、ワークシートの答えがお互いに見えないように気をつけて会話をする。

②1人目（花子）と会話をする

（ⅰ）教師が1人目の花子に大阪の天気を聞く。

　　T： How is the weather in Osaka?
　　Hanako： It's cloudy.
　　教師は、ワークシートAに答えの線を書く。
　　T： Switch role.（交替する）

教師のワークシート

（ⅱ）花子が教師に、どれか1つについて聞く。

　　Hanako： How is the weather in Fukuoka?
　　T： It's rainy.　　Hanako は、ワークシートBに答えの線を書く。
　　T： Bye!　　Hanako： Bye!

第2章 授業を展開する

③ 2人目（太郎）と会話する

（ⅰ）教師が2人目の太郎に、東京の天気を聞く。

　　T：How is the weather in Tokyo?
　　Taro：It's sunny.　教師は、答えの線を書く。

（ⅱ）太郎が教師に、どれか1つについて聞く。

　　Taro：How is the weather in Hokkaido?
　　T：Uh…. I don't know.
　　Repeat. I don't know.　　C：I don't know.
　　T：I don't know.　　　　C：I don't know.
　　T：Bye!　　　　　　　　Taro：Bye!

答えが分からない時は、"I don't know." と答えることを知らせる。
相手が "I don't know." と答えた時は、ワークシートに何も書き込めない。

④ 3人目（健）と会話する

（ⅰ）教師が3人目の健に、北海道の天気を聞く。

　　T：How is the weather in Hokkaido?
　　Ken：It's snowy.
　　（教師は、答えの線を書く）

（ⅱ）健が教師に、どれか1つについて聞く

　　Ken：How is the weather in Osaka?
　　T：It's cloudy.（健は、答えの線を書く）
　　T：Bye!　Ken：Bye!

3人と会話を終えた時点で、教師のワークシートは、答えを全て書きこんだ状態になっている。

⑤ すべての答えが分かったら、教室の前方に集まることを教える

　　T：（完成したシートを見せて、線をなぞりながら）
　　　　Hanako, Taro, Ken, finish and come here please.
　　　　（教師が立っている教室前方を指しながら言う）

終わりの行動まで示した後に、活動に移ることが大切である。

(2) ワークシートを配布する
①教室を4つのグループに分ける
　生活班、列などで機械的に分ける。ここで時間をかけると、アクティビティをする時間が短くなる。

②児童用ワークシートを配布する
　AグループにはA、BグループにはB、CグループにはC、DグループにはDを渡す。

③氏名を書かせる

(3) アクティビティを始める
　鉛筆とワークシートを持って自由に歩かせ、会話をさせる。

> T : Carry a pencil and finish up your seat. Stand up, please. Ready, set, go!

　教師は、学級全体の様子を把握しながらも、相手を見つけ、会話をする。相手を見つけることができない子がいたら、教師から話しかける。

(4) 答え合わせをする

> T : Go back to your seat. Let's check.
> 　　How is the weather in Hokkaido?
> 全員に向かって尋ねても良いし、個別に指名しても良い。
> C : It's 〜.
> T : That's right!（正解を答え合わせ用ワークシートに書きこむ）
> 残りの3つも同じように答え合わせをする。
> T : Perfect?（全問正解者を挙手させる）Good job!

　発表後は、挑戦したことや上手に発話できていたことを、思い切りほめる。

（岩井俊樹）

第2章 授業を展開する

(7) 子どもが熱中する2文ダイアローグ指導

新法則化㊼ "Can I borrow your pencil?"は、身近なものを使って、楽しく授業する

　"Can I borrow your pencil?" "Sure."は、一度授業で扱えば、繰り返し教室で使うことができるダイアローグである。しかも、身の回りにある物を使って授業することができる楽しい授業である。

【準備物】

①ノート1冊

②中身の入ってない筆箱1つ

③フラッシュカード
(pencil, ruler, eraser)

 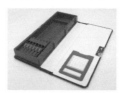 

④ワークシート
　(152頁をB5判にプリント)
　子ども2人に1枚

⑤ワークシート (152頁をA3判にプリント)
　デモンストレーション用に1枚

 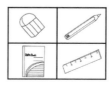

【本時に関わる既習単語・ダイアローグ】

① 既習単語 (notebook, pencil case, pencil, ruler, eraser)
② A: What's this?　B: It's a pencil.
③ A: Here you are.　B: Thank you.

【本時の単語・ダイアローグ】

① 単語 (pencil, ruler, eraser)
② A: Can I borrow your pencil?　B: Sure.

【指導の流れ】

1　単語練習をする（pencil, ruler, eraser）
2　状況設定をする
3　ダイアローグの口頭練習をする
4　アクティビティをする

1　単語練習をする

pencil, ruler, eraser のカードを見せながら、単語練習をする。

（1）教師に続いて2回ずつリピートする

T（教師）：pencil	C（子ども）：pencil	T：pencil	C：pencil
T：ruler	C：ruler	T：ruler	C：ruler
T：eraser	C：eraser	T：eraser	C：eraser

（2）教師に続いて1回ずつリピートする

T：pencil　C：pencil　T：ruler　C：ruler　T：eraser　C：eraser

（3）子どもだけで言う

C：Pencil, ruler, eraser.　T：Very good!

2　状況設定をする
（1）ノートと筆箱を見せて子どもの注目を集め、今から勉強しようとしている場面であることを演じる

T：What's this?　C：Notebook!

第2章 授業を展開する

```
T : That's right!
T : notebook        C : notebook
T : notebook        C : notebook
T : What's this?    C : pencil case
T : Good! pencil case!  C : pencil case
T : Let's study!
```

子どもを一気に集中させるため、教師はとびきり楽しそうに演じる。

（2）筆箱を開けたら、何も入っていなかったため、近くの人に鉛筆を貸してくれないかと尋ねる場面を演じる

笑顔で筆箱を空ける。中身が空なので、困った顔をして見せる。

```
T : Oh no! Pencil, pencil....（鉛筆を探し回る）
    （近くの人に尋ねる）Excuse me?   C : Yes.
T : Can I borrow your pencil?
```

（子どもは答えられないので、小声で"Sure."と答え方を教える）

```
C : Sure.  T : Thank you!
T : sure   C : sure
T : sure   C : sure
```

（3）鉛筆で文字を書いたら、書き間違えてしまったため、近くの人に消しゴムを貸してくれないかと尋ねる場面を演じる

ノートに文字を書き、途中で書き間違える様子を見せる。

```
T : Oh no!（消しゴムを探し回りながら近くの人に尋ねる）
    Excuse me?                C : Yes.
T : Can I borrow your eraser? C : sure
T : Thank you!  sure          C : sure
T : sure                      C : sure
```

（2）（3）とも、ユーモアたっぷりに演じることがポイントである。

3　ダイアローグの口頭練習をする
（1）答え方の練習をする

　状況設定の途中で、2回 "Sure." の練習をしているので、ここでは教師の後に続いて復唱する練習は行わない。1列指名して立たせて、1人ずつ答えさせる。

```
T : One, two, three, stand up.  One by one.
    Can I borrow your pencil?    C₁ : Sure.    T : Very good!
T : Can I borrow your ruler?     C₂ : Sure.    T : Good!
T : Can I borrow your eraser?    C₃ : Sure.    T : Good job!
```

　1人ずつ答えさせるときには、1人で言えたことを思い切りほめる。

（2）尋ね方の練習をする
① 教師に続いて繰り返す

```
T : borrow       C : borrow       T : borrow       C : borrow
T : borrow your pencil            C : borrow your pencil
T : borrow your pencil            C : borrow your pencil
ここからは、フラッシュカードを出しながら練習する。
T : Can I borrow your pencil?     C : Can I borrow your pencil?
T : Can I borrow your ruler?      C : Can I borrow your ruler?
T : Can I borrow your eraser?     C : Can I borrow your eraser?
```

　リズムよく区切って発話することで、ダイアローグの定着を図る。

② 男女に分かれて、教師に続いて繰り返す

```
T : Boys, stand up.  Can I borrow your pencil?
Boys : Can I borrow your pencil?
T : Can I borrow your eraser?     Boys : Can I borrow your eraser?
T : Can I borrow your ruler?      Boys : Can I borrow your ruler?
この後、女子も立たせて、同様に練習する。
```

第2章　授業を展開する

③　子どもが尋ねて、教師が答える練習をする

```
T : Ask me, one, two.....
C : Can I borrow your pencil?      T : Sure.
C : Can I borrow your eraser?      T : Sure.
C : Can I borrow your ruler?       T : Sure.
```

フラッシュカードをめくりながら、リズム良く練習する。

④　1人とその他の子ども全員で練習する

1列指名する。指名された子どもは、全員に尋ねる。

```
T :（1列指名する）This line stand up. One by one.
    You（指名された子ども）ask, everybody answer.
C1 : Can I borrow your pencil?      全員 : Sure.
C2 : Can I borrow your eraser?      全員 : Sure.
C3 : Can I borrow your ruler?       全員 : Sure.
```

この時も、教師はフラッシュカードをめくりながら、発話のリズムを作っていく。

4　アクティビティをする
(1) デモンストレーションを行う
①　2人組を作らせた後、1人指名して前に出す

```
T : Make pairs, and sit down.   Any volunteer?   Come here.
ワークシートは2人で1枚を使う。初めは子どもに持たせる。
```

②　教師が尋ねて、子どもが答える

```
T : Look carefully.   Can I borrow your pencil?
C : Sure. Here you are.
```

子どもには、ワークシートを4分の1に折り曲げ、鉛筆のイラストだけ見えるようにして、教師に渡すようにその場で指示する。

T： Thank you.　C： You are welcome.
ここで一度、ワークシートは子どもに戻す。

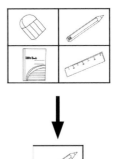

T： Can I borrow your notebook?
C： Sure. Here you are.
T： Thank you.
C： You are welcome.

「消しゴム・定規」についても同様に行い、教師はすべて借りる。

③ **子どもが尋ねて、教師が答える**

> T：（ワークシートの4つの文房具を指しながら）1, 2, 3, 4, and switch role.（役割交替なのでワークシートは教師が持つ）
> C： Can I borrow your ruler?　T： Sure. Here you are.
> C： Thank you.　T： You are welcome.
> 残りの「消しゴム・鉛筆・ノート」についても同様に行う。

④ **全てのやり取りが終わったら、座ることを指示する**

> T：（ワークシートを指して）1, 2, 3, 4. Finished, and sit down.

(2) ワークシートを配付してから、実際に会話をする

> T：（2人に1枚ワークシートを配付したら）Stand up. Ready, set, go!

(3) 全員が座ったら、会話が上手にできたペアに発表させ、ほめる

（岩井友紀）

第2章 授業を展開する

アクティビティで、そのまま使えるワークシート

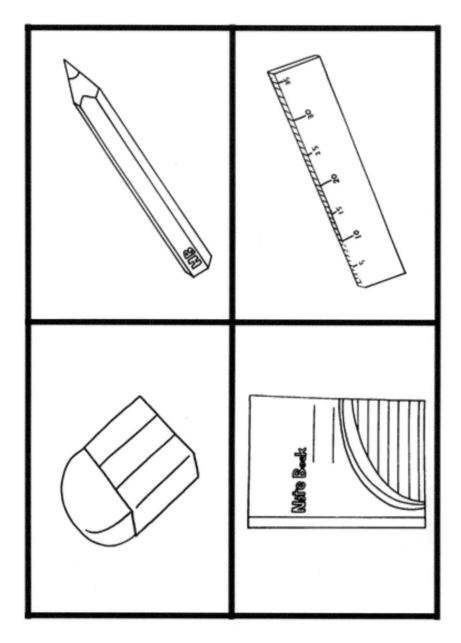

（7）子どもが熱中する２文ダイアローグ指導

新法則化㊽ "Where is the lion?" の状況設定は、動物園で行う

子どもにとって発話しにくいダイアローグを指導するときのコツはこれである。

扱う単語をやさしいものにする。

以下に授業の流れを示す。

【準備物】
①フラッシュカード（Go straight. Turn right. Turn left.）
②フラッシュカード（矢印と動物）
③動物園入り口の写真を拡大したもの、または動物園の入り口が出ているサイトを投影する
④動物園内の略地図（大きく印刷したもの、またはサイト内画面を投影）
⑤動物の写真
⑥アクティビティのワークシート

準備物①

準備物②

準備物③

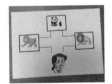
準備物④

【既習事項】
① Go straight. Turn right. Turn left.（ジェスチャーつきで）
② lion , monkey , panda（動物園にいる動物ならなんでも良い）
③インフォメーションギャップの授業を１度でもしていると良い

第２章　授業を展開する

第2章 授業を展開する

1 単語練習をする

教師に続いて、2回ずつリピートする

T（教師）： Go straight.（写真①のようにジェスチャーする）

C（子ども）： Go straight.

T： Go straight.　C： Go straight.

T： Turn left.（写真②のようにジェスチャーする）

C： Turn left.

T： Turn left.　　C： Turn left.

T： Turn right.（写真③のようにジェスチャーする）

C： Turn right.

T： Turn right.　C： Turn right.

C： Go straight.（フラッシュカードを提示するだけ）

C： Turn left.

C： Turn right.

T： Very good!

写真①

写真②

写真③

2 状況設定をする

動物園に行き、目当ての動物（パンダ、サル、ライオン）を探す。

① パンダを探す

T： Oh! Ueno Zoo!（動物園の写真（サイト）を提示して）
　　I like a panda.
　　Where is the panda?（パンダを探すジェスチャーをする）
　　Where is the panda?
　　Everyone, Where is the panda?（子どもに尋ねる）

C： Go straight.

T： Go straight!　Thank you!
　　Go straight! Go straight....（略地図の女の子マークからパンダまでを指でたどる）
　　Oh! panda!!　Thank you!　Oh!　Pretty!!

② **サルを探す**

T： Next, monkey! Where is the monkey?
　　Where is the monkey?
　　○○, Where is the monkey?（子どもを1人指名して尋ねる）
C₁： Turn left.
T： Turn left. Turn left.（女の子からサルまで指でたどる）
　　Oh! monkey!!

③ **ライオンを探す**

T： Last. Where is?
C： lion.
T： That's right!
　　Where is the lion?
C₂： Turn right.
T： Very good!
　　Turn right, turn right…（女の子からライオンまでを指でたどる）
　　Oh!　lion!

3　ダイアローグ口頭練習をする

準備物②のフラッシュカードを提示して、ジェスチャーをつけて練習する。

(1) 教師に続いて答え方の練習をする

T： Go straight.
C： Go straight.
T： Turn left.
C： Turn left.
T： Turn right.
C： Turn right.

(2) 教師が尋ね、子どもが答える

T： Where is the panda?
C： Go straight.
T： Where is the monkey?

第2章 授業を展開する

> C : Turn left.
> T : Where is the lion?
> C : Turn right.

（3）1人ずつ答える

> T : One, two, three, stand up.（手で1人ひとり示して立たせる）
>   Where is the lion?
> C3 : Turn right.
> T : Where is the panda?
> C4 : Go straight.
> T : Where is the monkey?
> C5 : Turn left.
> T : Very good!

（4）教師の後について尋ね方の練習をする

> T : where
> C : where
> T : where
> C : where
> T : where is
> C : where is
> T : where is
> C : where is
> （準備物②のフラッシュカードを見せ）
> T : Where is the panda?
> C : Where is the panda?
> T : Where is the monkey?
> C : Where is the monkey?
> T : Where is the lion?
> C : Where is the lion?

（5）子どもが尋ね，教師が答える

T : Ask me.
C : Where is the panda?　　T : Go straight.
C : Where is the monkey?　T : Turn left.
C : Where is the lion?　　　T : Turn right,

（6）1人が尋ね、全員が答える

掲示してある略地図を見て、1人が尋ねて全員が答える。まずは教師が手本を示してから子どもにさせる。

T : One, two, three, stand up.（1人ひとり手で示して立たせる）
　　Where is the lion?（教師が手本を示す）
C : Turn right.
T : Next, your turn.（1番目に指名した子どもを指して）
C6 : Where is the panda ?
C : Go straight.

同様にして、あとの2人の子にも尋ねさせる。

4　アクティビティをする

インフォメーションギャップのアクティビティである。（インフォメーションギャップについては198頁参照）

右のようなワークシートを1人が1枚持つ。

自分のワークシートの分からない場所を、尋ねて補うアクティビティである。

インフォメーションギャップをするときには、「やり方説明用・答え合わせ用ワークシート」と「子ども用ワークシート」の2種類のワークシートが必要である。

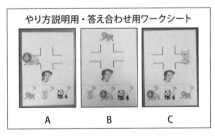
やり方説明用・答え合わせ用ワークシート
A　B　C

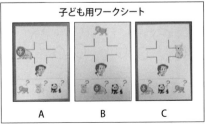
子ども用ワークシート
A　B　C

第2章　授業を展開する

第2章　授業を展開する

（1）デモンストレーションをする

"Any challengers?"（2人募集し、1枚ずつシートを配付する。教師はAを持ち、1人目にはB、2人目にはCを渡す）

Secret.（ほかの子にワークシートを見せないように隠すジェスチャーをする）

T： Hello!（1人目の子に話しかける）

T： Where is the monkey?

C1： Go straight.

T： Oh! Go straight.（ほかの子どもに分かりやすいように大げさに反応する。よく見えるようにマジックでサルがどこに入るかを書く）

T：（次は子どもが教師に質問をする。panda を聞くように、小声で促す）

C1： Where is the panda?

T： Panda!（教師のワークシートには、パンダの場所が書いてない。ワークシートを見ている子どもたちに示し、「パンダの場所が分からない」ことを理解せる）
Oh! I don't know.（分かりません、というジェスチャーをして）
Repeat, I don't know.

C： I don't know.

T： I don't know.　C： I don't know.

T： Hello!（2人目の子に話しかける）
Where is the koala?

C2： Turn right.

T： Oh! Thank you!（と言って、マジックで線をひく）

T： Next, your turn.（子どもに配布用のワークシートを配布する。）

（2）アクティビティをスタートする

T： Ready, set, go!（アクティビティを開始する。教師もアクティビティに参加し、子どもを支援する）

（3）終了し、答え合わせをする

（ある程度正解が分かったらアクティビティを終了させる）

T： Finish! Go back to your seat.

答え合わせとして、動物の場所を尋ねる。

　　Check. Where is the lion?

（荻野珠美）

（7）子どもが熱中する２文ダイアローグ指導

新法則化㊾　"Large or small?"は
ジュースを注文する場面で教える

　ジュースを注文する場面を取り上げ、形容詞の"Large"と"Small"を楽しく教える授業である。

【準備物】
①紙コップ（L・Sサイズ）②洋服（大人・子ども服）③紙袋（大・小）
④店員の服装（ファーストフード店風の帽子）
⑤コーラ・牛乳・オレンジジュースの大小の模型、飲み物カード（6枚×子どもの数）
⑥メニュー表（飲み物3種類を1枚の紙に印刷したもの）

【既習事項】
単語　cola, milk, orange juice
A：Here you are.　B：Thank you.

【飲み物カード】

【指導の流れ】
1　単語練習をする
（1）教師に続いてリピートする

T（教師）：large（Lサイズの紙コップを見せながら発話する）
C（子ども）：large
T：small（Sサイズの紙コップを見せながら）
C：small
T：large（大人の洋服を見せながら）
C：large
T：small（子ども服を見せながら）
C：small
T：large（大きい紙袋を見せて）
C：large

第2章　授業を展開する　　　159

第2章 授業を展開する

T：small（小さい紙袋を見せて）
C：small

（2）教師が見せたものを見て、答える

T：（Lサイズの紙コップを見せる）
C：large
T：（子ども服を見せる）　C：small
T：（大きい紙袋を見せる）C：large
T：Very good!（とほめる）

　Lサイズは右手、Sサイズは左手などと、自分で持ち手を決めておくと、さっと持ち替えられて便利である。

2　状況設定をする

　ハンバーガーショップに買い物に来て、ジュースを買おうとしている。

T：May I help you?（メニュー表を提示して尋ねる）
C：Cola, please.（コーラを指さして答えさせる）
T：Large or small?（Lサイズ・Sサイズの紙コップを提示して尋ねる）
（Lサイズを指さして答えさせる）
C：Large, please.
T：Here you are.（渡す）
C：Thank you.（受け取る）

　状況設定の相手役はALTがいるときはALTにしてもらう。子どもにさせるときは、小声で答え方を指導する。心配な場合は、あらかじめ打ち合わせをしておく。

3　ダイアローグ口頭練習をする
（1）答え方の練習をする

①1回ずつ繰り返す
T：Large, please.（Lサイズのコーラの模型を見せて）
C：Large, please.
T：Small, please.（Sサイズのコーラの模型を見せて）
C：Small, please.
T：Large, please.（Lサイズの牛乳の模型を見せて）

C：Large, please.
T：Small, please.（Sサイズの牛乳の模型を見せて）
C：Small, please.

②**教師が見せる模型を見て、どちらかを言う**

T：（Lサイズのオレンジジュースの模型を見せて）
C：Large, please.
T：（Sサイズのオレンジジュースの模型を見せて）
C：Small, please.　T：Very good!

　単語としては"Large, please.""Small, please."の2つだけである。3回目は教師は発話せずに子どもだけで発話させる。

（2）教師が尋ね、子どもが答える
①　教師が尋ねて全員の子どもが答える

　LサイズとSサイズのコップを持ち、片方を上に挙げて、それが何か答えさせる。

T：Large or small?（Largeと言いながらLサイズ、Smallと言いながらSサイズのコップを持つ手を少し掲げる。次にLサイズを高く前に掲げ、Sサイズの手を下げる）
C：Large, please.
T：Large or small?（Lサイズ、Sサイズを掲げた後で、Sサイズを高く前に掲げ、Lサイズの手を下げる）
C：Small, please.
T：Large or small?（Lサイズ、Sサイズを掲げた後で、Lサイズを高く前に掲げ、Sサイズの手を下げる）
C：Large, please.
T：Very good!

第2章 授業を展開する

②教師が尋ね、子ども1人が答える

> T : One, two, three, stand up.
> T : Large or small?（Lサイズ、Sサイズを掲げる）
> C : Large（またはSmall），please.（子どもは好きな方を答える）
> T : Here you are.（子どもがいう方を渡すジェスチャーをする）
> C : Thank you.

　　上記のやりとりをあと2人繰り返す。

（3）尋ね方の練習をする

> T : Repeat. Large or small?
> （Largeと言いながらLサイズ、Smallと言いながらSサイズを提示しながら）
> C : Large or small?
> T : Large or small?
> C : Large or small?
> T : Large or small?
> C : Large or small?
> T : One, two, three, stand up.
> （子どもがリピートし終わったらすぐに子どもを1人ずつ "one, two, three"
> と手で示し、立たせる）
> T : Everyone ask me.（全員を手で示してから）
> C : Large or small?
> C₁ : ○○, please.（答える子を教師が手で示す）
> T＆C : Here you are.（教師が率先して渡すジェスチャーをする）
> C₁ : Thank you.

　　同様に残りの2人も答えさせ、3人終わったら "Very good!" とほめる。

4 アクティビティをする

ハンバーガーショップでジュースを注文する場面の会話である。

> T: Every one stand up. Make pairs and sit down.
> （全員を立たせてからペアを作らせる。ペアは基本的に席が隣同士と決めておき、好きな子同士などのペアはここでは作らせない）
> T: 〇〇 , please come here.
> T: Large or small?（子どもに配付するカード６枚を提示して尋ねる）
> C: Large, please.（Lサイズを指で示して答える）
> T: Here you are.（子どもが選んだカードを渡す）
> C: Thank you.
> T: Switch. Next, your turn.
> （と言って、店員とお客さんの役割を子どもと交替する。先ほどのやり取りで子どもに持たせたカードを返却させ、またカード６枚でアクティビティをする）
> C: Large or small?
> T: O.K. Many many times.（このやり取りを何度も繰り返すよう指示する）

　事前に、"May I help you?" "Cola, please."を学習しておくと、無理なく本時の内容を学習することができる。

（荻野珠美）

第2章 授業を展開する

（8）英語ノートを三構成法で進める
新法則化㊿ "Do you like ～?" で、熱中した授業を作るポイント

　文部科学省が出している「Hi, friends! 1」の前半に登場する"Do you like ～?"のダイアローグを指導するとき、お薦めはこれである。

> 井戸砂織氏の "Do you like bananas?" の授業を追試する。

　答え方が"Yes."と"No."で分かれる2文ダイアローグをどのように指導すれば良いか、その指導法の型が明確に示されている。
　この授業を追試し、"Do you like ～?"のダイアローグがすらすら言えるようになってから、「Hi friends!」の電子コンテンツに紹介されているリスニングやアクティビティを行うと、どの子も楽しく活動することができる。
　ここでは、私が修正した授業を紹介する。修正点は、以下の2点である。

①コンテンツや電子機器を使わずに、黒板と絵を使う
②後半のアクティビティを「Hi, friends!」の頁を使ってでもできる
　活動にする

【本時の指導単語・ダイアローグ】
～バナナが好きかどうか尋ねたり、答えたりする～

> **本時の指導単語**
> bananas, carrots, apples, tomatoes, onions
> **ダイアローグ**
> A : Do you like bananas?
> B : Yes, I do. / No, I don't.

【準備物】

①黒板に「サル」「ウサギ」「ドラえもん」の絵を描く
②食べ物のフラッシュカード
　（バナナ、ニンジン、トマト、タマネギ、リンゴ）
③紙に描いた絵
　（どら焼き、ネズミ）
④食べ物が描いてあるカード

②食べ物のフラッシュカード

③紙に描いた絵

【指導の流れ】

1　単語練習をする
2　状況設定をする
3　ダイアローグの口頭練習する
4　アクティビティをする

1　単語練習をする

教師の後について、「2回→1回→0回」の流れで練習をする。

（1）2回ずつ繰り返す

T（教師）：bananas	C（子ども）：bananas	T：bananas	C：bananas
T：carrots	C：carrots	T：carrots	C：carrots
T：apples	C：apples	T：apples	C：apples
T：tomatoes	C：tomatoes	T：tomatoes	C：tomatoes
T：onions	C：onions	T：onions	C：onions

第2章 授業を展開する

（2）1回ずつ繰り返す

T：bananas	C：bananas	T：carrots	C：carrots
T：apples	C：apples	T：tomatoes	C：tomatoes
T：onions	C：onions		

（3）フラッシュカードを見て言う

T：（バナナのフラッシュカードを見せて）	C：bananas
T：（ニンジンのフラッシュカードを見せて）	C：carrots
T：（リンゴのフラッシュカードを見せて）	C：apples
T：（トマトのフラッシュカードを見せて）	C：tomatoes
T：（タマネギのフラッシュカードを見せて）	C：onions

※まだ発話がスムーズでなければ、練習回数を増やす。

2　状況設定をする

サルやウサギ、ドラえもんに食べ物を見せ、それが好きかどうか尋ねる場面。

（1）さるの絵を黒板に描き（または貼り）バナナが好きかどうかきく

T：Listen carefully.
　（友だちに話しかけるように）
　Oh～! Monkey, do you like bananas?
サル（教師がなりきる）：（嬉しそうに）Yes, I do.

ここでは教師が、友だちと話すようにさるに楽しく話しかけることと、サルになりきって嬉しそうに"Yes, I do!"と答えることがポイントである。

（2）ウサギの絵を黒板に描き（または貼り）、ニンジンが好きかどうかきく

T：（友だちに話しかけるように）
　　Oh～! Rabbit, do you like carrots?
ウサギ（教師がなりきる）：（嬉しそうに）Yes, I do.

（3）ドラえもんの絵を黒板に描き（または貼り）、どら焼きが好きかどうかきく

T：Oh～! Doraemon, do you like Dorayaki?
C：Yes!（子どもに答えさせる）
T：That's right.（その通り！とほめる）
ドラえもん（教師がなりきる）：（嬉しそうに）Yes, I do!!
（ここで2回ずつリピート練習をする）
T：Repeat. Yes, I do.　　C：Yes, I do.
T：Yes, I do.　　C：Yes, I do.

第2章　授業を展開する

第2章　授業を展開する

（4）ドラえもんにねずみが好きかどうかきく

> T : Doraemon, do you like mice?（mouse の複数形）
> C : No!（子どもに答えさせる）
> T : That's right!（ドラえもんの声で）No, I don't.
> T : No, I don't.　C : No, I don't.
> T : No, I don't.　C : No, I don't.

　　子どもから"No."という答えを引き出す。"No."と答えたら、力強くほめる。

3　ダイアローグ口頭練習をする
（1）答え方の練習をする
①質問に答えながら、2回ずつ繰り返す

> T :（バナナのフラッシュカードを持って）
> 　　Do you like bananas?
> 　　Yes!（間をあけずに）Yes, I do.
> C :（Yes の子ども）Yes, I do.　T : Yes, I do.　C : Yes, I do.
> T : No!（間をあけずに）No, I don't.　C :（No の子ども）No, I don't.
> T : No, I don't.　C（No の子ども）: No, I don't.

②教師の後に続いて、Yes, No 両方の答え方をリピートする

> 【2回ずつリピートする】
> T : Everyone.（にこっとしながら）Yes, I do.　　　C : Yes, I do.
> T : Yes, I do.　　　　　　　　　　　　　　　　　C : Yes, I do.
> T :（しかめっ面で）No, I don't.　　　　　　　　C : No, I don't.
> T : No, I don't.　　　　　　　　　　　　　　　　C : No, I don't.
>
> 【1回ずつリピートする】
> T :（にこっとしながら）Yes, I do.　　　　　　　C : Yes, I do.
> T :（しかめっ面で）No, I don't.　　　　　　　　C : No, I don't.

③教師が尋ね、子どもが答える

クラス全体に対して、質問する。子ども1人ひとりが好きか、嫌いか判断して答える。

> （タマネギのフラッシュカードを見せて）
> T：Do you like onions?　　C：Yes, I do. / No, I don't.
> （ニンジンのフラッシュカードを見せて）
> T：Do you like carrots?　　C：Yes, I do. / No, I don't.

④1人ずつ答える

列指名して、立たせる。教師が尋ね、1人ずつ答えさせる。

> T：One by one.（1列立たせる）This line, stand up.
> 　（フラッシュカードを見せながら）
> 　Do you like apples?
> C：Yes, I do. / No, I don't.
> T：Good!

1人ずつ答えさせるときには、1人で言えたことを思い切りほめる。

（2）尋ね方を練習する
①短く区切ってリピート練習をする

T：Do you like.	C：Do you like.
T：Do you like.	C：Do you like.
T：Do you like bananas?	C：Do you like bananas?
T：Do you like carrots?	C：Do you like carrots?
T：Do you like tomatoes?	C：Do you like tomatoes?

②男子だけ、女子だけが立ってリピート練習をする

> T：Boys, stand up. Do you like bananas?
> Boys：Do you like bananas?（同様にあと1～2回）
> T：Girls. Do you like bananas?
> Girls：Do you like bananas?（同様にあと1～2回）

第2章　授業を展開する

第2章 授業を展開する

③子ども全員で質問し、教師が答える

```
T : Everyone, ask the question. "Do you like bananas?"
C : Do you like bananas?    T : Yes, I do.（教師が自分の好みで答える）
C : Do you like apples?     T : Yes, I do.
C : Do you like onions?     T : No, I don't.
```

　教師は、表情をつけて答えるようにする。

④1人ずつ質問する

　列指名し、立たせる。前から1人ずつが全体に向けて質問する。全体は、自分の答えを言う。

```
C₁ : Do you like bananas?
C（全員）: Yes, I do. / No, I don't.
（2人目、3人目と同様に進める）
```

4　アクティビティをする

1つ○をつけて、同じ食べ物に○をした友だちを探す活動

（1）教師と子どもでモデルを示す
①カードを1人1枚配る

②5の中から1つ選び、○をさせる

T : Make one circle.

　教師は実際にカードに○をしながら、やり方を子どもに見せる。

③教師と１人の子どものプリントを見せる

> T : Do you like bananas?　C : Yes, I do.
> C : Do you like bananas?　T : Yes, I do.　T : The same. One point.

　お互いのカードをクラスの他の子どもに見せる。同じであったら、１ポイントとする。

教師のカード　　　　　　　　児童のカード

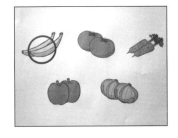 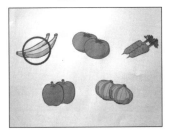

> （別の子どもと）
> T : Do you like carrots?　C : No, I don't.
> C : Do you like carrots?　T : Yes, I do.　T : Oh, no. 0 point.

　２人が違っていたら、０ポイント。他の友だちを探す。

（２）アクティビティをスタートする

> T : Walk and talk. Please get 2 points. Sit down. Ready, start.

　２ポイントを取ったら、座るように指示をする。早く座った子どもを教師はほめる。時間があったら、カードを変えて２回目を行っても良い。

　この活動の後、「Hi, friends!1」の14～15頁を使って、同様の練習をすることができる。

（清水陽月）

（8）英語ノートを三構成法で進める
新法則化(51) “What would you like?” は、ハンバーガーショップの場面設定がぴったり

文部科学省が出している「Hi, friends! 1」の後半にレストランで注文する場面がある。しかし子どもにとっては、レストランより、ハンバーガーショップの方が身近である。

ハンバーガーショップという分かりやすい状況設定のもと、尋ねる表現 “What would you like?”（何にしますか）や “○○, please.”（〜お願いします）を学んだ後に、レストランでの場面を学ぶ方がどの子も楽しく活動することができる。

【本時の指導単語・ダイアローグ】
〜ハンバーガーショップで注文をする〜

A : Hello.	B : Hello.
A : What would you like?	B : A hamburger, please.
A : Here you are.	B : Thank you.

【既習事項】

A : Here you are.	B : Thank you.

【準備物】

食べ物の写真（ハンバーガー、チーズバーガー、ビッグハンバーガー、フライドポテト、コーラ）を１枚の画用紙に貼りつけたもの。

【指導の流れ】

1	単語練習をする
2	状況設定をする
3	ダイアローグの口頭練習する
4	アクティビティをする

1　単語練習をする

食べ物の写真を黒板に貼る。教師の後について、「2回→1回→0回」の流れで練習をする。

（1）2回ずつ繰り返す

（教師は写真を指し）
T（教師）：a hamburger　　C（子ども）：a hamburger
T：a hamburger　　　C：a hamburger
T：a cheeseburger　　C：a cheeseburger
T：a cheeseburger　　C：a cheeseburger
T：a big hamburger　　C：a big hamburger
T：a big hamburger　　C：a big hamburger
T：french fries　　C：french fries　　T：french fries　　C：french fries
T：cola　　　　　C：cola　　　　　T：cola　　　　　C：cola

（2）1回ずつ繰り返す

（教師は写真を指し）
T：a hamburger　　　　C：a hamburger
T：a cheeseburger　　　C：a cheeseburger.
T：a big hamburger　　　C：a big hamburger
T：french fries　　C：french fries　　T：cola.　　C：cola.

（3）子どもだけで発話する

T：（黒板に貼ってある写真を指して次のように言う）
C：A hamburger. A cheeseburger. A big hamburger. French fries. Cola.
T：Very good!

第2章 授業を展開する

※子どもに馴染みがある単語なので、スムーズに言える場合は(3)をカットしてもよい。

2 状況設定をする

ハンバーガーショップで、注文する場面。

(1) ハンバーガーショップの店員になり、子どもから注文を取る

(子どもを1人お客役にする。)
T: Hello.　　　　C: Hello.
T:(黒板の食べ物を指しながら) What would you like?
C: A hamburger, and cola.
T: Repeat. A hamburger, and cola, please.
(ハンバーガーやコーラの準備しているジェスチャーをする)
T: Here you are.　　C: Thank you.

(2) もう1人子どもを指名して、注文を取る

T: Hello.　　　　C: Hello.
T:(黒板の食べ物を指しながら) What would you like?
C: A cheeseburger and cola.
T: Repeat. A cheeseburger and cola, please.
C:(クラス全体で) A cheeseburger and cola, please.
(準備しているジェスチャーをする)
T:(チーズバーガーとコーラを渡すジェスチャーをしながら)
　 Here you are.

3 ダイアローグ口頭練習をする

(1) 答え方の練習をする

子どもに親しみのある単語であるので、1回の繰り返しでよい。

①教師の後について1回繰り返す

(黒板に貼っている写真を指して)
T: A hamburger, please.　　C: A hamburger, please.
T: A cheeseburger, please.　　C: A cheeseburger, please.
T: A big hamburger, please.　　C: A big hamburger, please.
T: French fries, please.　　C: French fries, please.
T: Cola, please.　　C: Cola, please.

②教師が尋ね、子どもが答える

T：One, two, three, stand up. One by one.
T：What would you like?　　C₁：A hamburger, please.
T：（渡すジェスチャーをしながら）Here you are.　　C₁：Thank you.
T：Very Good.（座るように手で合図する）
T：What would you like?　　C₂：Cola, please.
T：（渡すジェスチャーをしながら）Here you are.　　C₂：Thank you.
T：Very nice.（座るように手で合図する）
T：What would you like?　　C₃：A big hamburger and cola, please.
T：（渡すジェスチャーをしながら）Here you are.　　C₃：Thank you.
T：Great!（座るように手で合図する）

　1人ずつ答えさせるときには、1人で言えたことを思い切りほめる。

（2）尋ね方の練習をする
①教師の後について繰り返す

T：what　　C：what	T：what　　C：what
T：would you like	C：would you like
T：would you like	C：would you like
T：What would you like?	C：What would you like?
T：What would you like?	C：What would you like?

　リズムよく、区切って発話することで、ダイアローグの定着を図る。
　十分に発話できないようならば、数回繰り返す。

②子どもが尋ねて、教師が答える練習をする

T：Ask me.
C：What would you like?　　T：A hamburger, please.
C：What would you like?　　T：Cola, please.
C：What would you like?（2～3品注文する。）
T：A cheeseburger, a big hamburger and cola, please.

　注文するときは、黒板の写真を指しながら答える。

第2章　授業を展開する

第2章 授業を展開する

③ 1人とその他の子ども全員で練習する

列指名し、前から1人ずつお客役にする。全体が店員役になる。

> T：（列指名する）This line, stand up. One by one.
>   Everybody, ask the question.（指名した子ども）Your answer.
> 全員：What would you like?　C_1：A cheeseburger, please.
> 全員：What would you like?　C_2：A hamburger, please.
> 全員：What would you like?　C_3：Frech fries and cola, please.

1人で答えられた子どもは大いにほめる。

4　アクティビティ

ハンバーガーショップの店員とお客になり、注文のやりとりを行う。

（1）教師と子どもでデモンストレーションをする

> （1名子どもを指名して）
> T：Hello.　　　C：Hello.　　　T：What would you like?
> C：A hamburger, please.　　T：Here you are.　　C：Thank you.
> T：Switch.（役割を交換する。）
> C：Hello.　　T：Hello.　　C：What would you like?
> T：A hamburger and cola, please.　　C：Here you are.　　T：Thank you.

注文されたものを作ったり、手渡したりするジェスチャーをすると、動きが出てきて盛り上がる。

（2）アクティビティを始める

> T：Make pairs. Stand up. Ready, set, go.

（3）前で発表させる

希望者や上手にできていたペアに前で発表させる。必ず、力強くほめる。

この活動後、"How many hamburgers?" "hamburgers, please." など少しずつ追加することで、子どもは自信を持って長い会話をできるようになる。

（清水陽月）

第3章　子ども1人ひとりを大切にする対応法

（1）子どもへの対応

新法則化㊾　だまってしまう子には、教師が小さな声で優しく教える

　単語練習やダイアローグ練習で、練習を繰り返し、ある程度すらすら言える状態になったら、1人ずつ発話する場面を作ると良い。適度な緊張感を作りだすことができるとともに、「1人で言えた！」という自信をもたせることができる。しかし、1人で発話する場面で、何も言えずだまったままの子どももいる。そのようなとき、どうしたらよいか。

> 教師が小さな声で優しく教える。

　井戸砂織氏の英会話の模擬授業を受けたときのことである。指名を受けたが何を言ったらいいか分からなかった。
　すると井戸氏は小さな声で"It's a dog."と、そっと教えてくれた。何を言えば良いか理解した私はそれを真似て、"It's a dog."と答えた。
　すかさず井戸氏は、"Very good!"と力強くほめてくれた。
　とてもほっとした。「次はちゃんと言えるようになりたい」と思った。
　指名を受けたときにすぐに言うことができなくても「教師の真似をして言うことができれば合格」というのは子どもにとって、とても心強いはずだ。「言えなかった」という不成功体験ではなく、「言えた！」という成功体験を与えることができる。
　井戸氏に、「もし、言い方を教えても言わない子には、どうしたら良いですか」と聞いたことがある。

> 「そのときは、明るく、O.K.! と言ってさっと座らせればいいよ。発話できなくても、教室にいるだけでまずはO.K.なんだよ」

　なるほど。そんな対応が瞬時にできるようになりたい。　　　　（辻拓也）

第3章 子ども1人ひとりを大切にする対応法

（1）子どもへの対応

新法則化㊼　楽しい雰囲気にするには子どもの答えを、教師が興味津々で聞くことだ

　単語練習やダイアローグ練習において、変化のある繰り返しで練習した後、子どもがある程度すらすら言えるようになったら「1人ずつ」発話させることが大切である。

　これは、適度な緊張感により子どもの集中を高めたり、子どもの習熟度を見たり、子どもに成功体験を与えたりするために重要なパーツである。

　例えば、1列立たせ、教師が先頭の子どもに、"What food do you like?" と尋ねる。先頭の子が "I like sushi." と答えたとする。私はこのとき、例えば、次のように答える。

> Oh~! Me too!（私も！）

　なぜなら、私も寿司が大好きだからである。

　以前は、「リズムとテンポ」を意識するあまり、子どもがどんな答えをするかは関係なく、どんどん授業を進めていた。

　今は違う。子どもの答えを楽しんでいる。子どもとの会話を楽しんでいる。そのような余裕が生まれたことで、授業がより楽しい雰囲気になった。このように、「1人ずつ」のときは、もちろん、「リズムとテンポ」よく進めて行くことも大切であるが、次のことも意識したい。

> 教師が子どもの答えに興味をもって聞く。

　例えばこんな方法もある。"What food do you like?" と尋ね、子どもが "I like sushi." と答えた場合、続けて、"What kind of sushi do you like? Uni? Toro?" と聞くのである。そうすることで会話が膨らみ、より楽しい雰囲気になる。

　既習のダイアローグでなくても、子どもたちは会話の状況から「すしのネタの種類を言っているのだな」ということを直感で理解する。

（井戸砂織）

（1）子どもへの対応
新法則化㊴　会話ができない子には、教師が話しかける

アクティビティにおいて、自分から話しかけることができない子どももいる。そんなときには、次のようにする。

> 自分から話しかけることができない子には、教師が話しかけ、会話の相手になる。

　TOSSの英会話セミナーに参加し、TOSS型英会話指導の授業を初めて受けたときのことである。授業者は井戸砂織氏だった。単語練習、答え方の練習、尋ね方の練習と怒涛の如く進んだ。そしてアクティビティとなった。
　"Stand up! Ready, set, go!"と指示が出てその場に立ったのはよいが、その後どうして良いか分からずに困っていた。時間にして数秒後、井戸氏がすっと私の前にやってきた。
　"Hello!"井戸氏は笑顔で話しかけてきた。
　"Hello!"私は同じように返した。
　次に、井戸氏が尋ねた。"Have you ever been to Osaka?"
　ここでも答えに詰まった。"Yes? No?"と聞かれ、ようやく"Yes."と答えた。
"Good! Ask me."
　このあたりでなんとなく何をすれば良いのかが分かってきた。自分から"Have you ever been to Osaka?"と聞いた。
　井戸氏は、"Yes, I have. Bye!"と言って去って行った。
　その後2人目、3人目と相手を変え、会話をすることができた。
　アクティビティに加わることができてほっとした。子どもも同じである。教師がお手本となり、できたことをほめることで、苦手な子どもも「自分も話しかけてみよう」という気になる。

（辻拓也）

第3章 子ども1人ひとりを大切にする対応法

（1）子どもへの対応
新法則化�55　1番に言えた子を、必ず大げさにほめる

教師は、子どもたちのがんばりを見つけてほめなければならない。
ほめられた子どもは、やる気になり、さらにがんばるようになる。
英会話の授業では、やはり英語でほめたい。難しく考える必要はない。簡単な英語で十分である。
英会話授業で使いやすい英語のほめ言葉は、次の3つである。
① Good!　② Very good!　③ That's right!

この3つのほめ言葉に「工夫」を加えることで、子どものやる気をグーンと伸ばすことができる。その工夫とは、以下のことである。

1番に答えた子どもをほめる。

このとき、ポイントが2つある。

ポイント1　1番の子どもを確実に見つける。
ポイント2　その子をしっかり見て、力強くほめる。

ポイント1　1番の子どもを確実に見つける。

教師が指示を出すと、子どもたちは、左から右からと様々な場所から答えを言う。その中で、1番に言った子どもを瞬時に見つけることが大切である。

ポイント2　その子をしっかり見て、力強くほめる。

1番の子どもを見つけたら、まず、目を合わせる。目を合わせるから、子どもは「自分がほめられた」と思うのである。
次に、"That's right!"などと力強くほめる。「力強く」がポイントである。教師が全身全霊でほめることで子どもたちは、やる気になる。
以上に述べてきたことは、例えば、"What's

this?"の授業の状況設定の場面(日本語を使わずに、本時のダイアローグの意味を理解させること)で活用できる。声に出して、練習してみてほしい。

1　カードを一瞬見せて答えさせる

T：What's this?	C：Dog!
T：That's right!	
T：It's a dog.	C：It's a dog.
T：It's a dog.	C：It's a dog.

　教師がカードを一瞬見せたり、少しだけ見せたりして、カードに描かれているイラストを英語で言わせるところである。一瞬でカードのイラストを、1番に英語で言えた子どもを必ずほめたい。

2　カードを上から見せて答えさせる

T：What's this?	C：Cat!
T：Very good!	
T：It's a cat.	C：It's a cat.
T：It's a cat.	C：It's a cat.

3　カードを横から見せて答えさせる

T：What's this?	C：It's a pig!
T：O.K. Very good!	
T：It's a pig.	C：It's a pig.
T：It's a pig.	C：It's a pig.

　教師の発問に「It's a 〜.」というように文で答える子どもがいる。もし、1番に答えなくても、「It's a dog. Very good!」などと取り上げてほめたいところである。もちろん、1番に言うことができたら大きく取り上げてほめる。

(小井戸政宏)

第3章 子ども1人ひとりを大切にする対応法

（1）子どもへの対応
新法則化㊷　教師が1番のやんちゃになる

教師が1番のやんちゃになる。

やんちゃになるといっても暴れたり、無茶をしたりするのではない。
大切なのは、子どもたちの上をいくようなユーモアを持つことである。
次のダイアローグ指導における状況設定の場面を例に述べたい。

A : What do you want to study?　　B : I want to study Japanese.

教師が、自分自身の夢の時間割を紹介していく。

T : The 1st hour（1時間目）I want to study P.E.（Physical Education＝体育）
The 2nd hour（2時間目）I want to study P.E. The 3rd hour（3時間目）I want to study P.E.

3時間目まで、一気に言っていく。子どもたちは、「先生は体育が好きなんだなあ」と納得の表情で聞いている。

T : The 4th hour（4時間目）I want to study….（ここで間を空け、子どもたちに予想させる。子どもたちから"P.E.!"という声が上がる）I want to study P.E.!!

どっと子どもたちから笑いが起きる。「また、体育だ！」という声が上がる。
ここまで来ると、子どもたちの中に、5時間目も体育！という期待が膨らむ。

T : The 5th hour（5時間目）I want to study ….（またしても、子どもたちから"P.E.!!"という声が上がる）I want study….（焦らして）P.E.!

教師自身が、全てを体育にしたのである。教室は大爆笑である。　（小井戸政宏）

（2）指示の出し方

新法則化(57)　指示は簡単な英語でよい

英会話授業における指示にはポイントがある。

指示は簡単な英語でよい。

英語を学んでいるのであるから、指示も英語にする。

しかし、その英語は簡単なもので良い。授業中に教師が使う指示は、そんなに多くない。

よく使う英語の指示を覚え、繰り返し使っていれば、自信をもって使うことができるようになる。

授業を進める上で、とくに使用頻度が高いものを次頁に整理してみた。

表の○印は、チェック欄である。まずは、練習をしよう。

１回の練習ごとに○に色を塗っていこう。

１０回練習ができたら、実際に授業で使ってみよう。うまくできたら、◎印に色を塗ろう。

また、指示にジェスチャーをつけることで、子どもたちに教師の意図が伝わりやすくなる。

"Stand up!"

"Raise your hand!"

"Make pairs."

大きなジェスチャーをつけて言ってみよう。

第3章 子ども1人ひとりを大切にする対応法

簡単な英語の指示を覚えよう

英語の指示	意味	声に出して言ってみたら1個ずつ色を塗ろう	授業で使ったら色を塗ろう
Repeat!	復唱しましょう	○○○○○ ○○○○○	◎
Look carefully.	よく見ましょう	○○○○○ ○○○○○	◎
Listen carefully.	よく聞きましょう	○○○○○ ○○○○○	◎
Stand up.	立ちましょう	○○○○○ ○○○○○	◎
Sit down.	座りましょう	○○○○○ ○○○○○	◎
Raise your hand.	手を挙げましょう	○○○○○ ○○○○○	◎
One by one.	1人ずつ	○○○○○ ○○○○○	◎
Ask me.	尋ねましょう	○○○○○ ○○○○○	◎
Everyone, answer.	皆さんで答えましょう	○○○○○ ○○○○○	◎
Any challengers?	挑戦する人？	○○○○○ ○○○○○	◎
Make pairs.	ペアになりましょう	○○○○○ ○○○○○	◎
Make group of three.	3人組になりましょう	○○○○○ ○○○○○	◎
Go back to your sheet.	席に戻りましょう	○○○○○ ○○○○○	◎
○○, please come here.	○○さん、来てください	○○○○○ ○○○○○	◎
That's all for today.	今日は、これで終わります	○○○○○ ○○○○○	◎

（小井戸政宏）

（２）指示の出し方
新法則化㊽　立たせてから、グループ分けの指示を出す

　英会話の授業では、友だちとペアやグループを作って会話をしたり、ゲームをしたりする場面が多い。

　ペアやグループを作る指示を出しても、仲間に入ることができない子どもがいる。教師は、ペアやグループが確実にできたかを把握する必要がある。そのための指示が以下である。３人組を作る場面である。

> "Everyone! Stand up, please.
> Make group of three.　And sit down."

　ポイントは、まず、立たせていることである。

> 立たせてから、「３人組を作りなさい」の指示を出す。
> そして、できたら座らせる。

　このことが極めて重要である。それは、なぜか。「３人組を作りなさい」という指示だけでは、誰が作ることができていて、誰が作ることができていないか分からないからである。

　一度全員を立たせる。それから、３人組を作らせる。できたら、座らせる。この流れによって、３人組ができたかどうか明確となる。

　また、「３人組を作りなさい」と言ってから、「立たせる」という先生もいるかもしれない。しかし、これでは、その場でぱっと３人組を作ってしまった子どもはわざわざ立たない。作れなかった子どもの中にも座ったまま探そうとする子どもが現れる。結局、３人組が作れたかどうかが分からなくなってしまう。授業をスムーズに進めるためには、このような指示１つにもこだわり、大切にしたい。

（小井戸政宏）

（2）指示の出し方
新法則化(59)　耳に手をあてるジェスチャーをつけて、“Listen.”と言う

英会話の授業において、「話す」ことも大切であるが、教師やALT、他の子の発話を「聞く」こともとても大切である。

しかし、子どもたちは活動に夢中になるあまり、教師や友だちの会話を聞かないことがある。

そのようなときは、英語で一言、こう言うとよい。

“Listen!”

この時、大切なことがある。

耳に手を当てるジェスチャーをつけて、“Listen.”と言う。

こうすることで、子どもたちは、目からも情報を得て、「聞く」ということを意識することができる。

早く授業を進めたいと思うがあまり、ジェスチャーを入れず、“Listen!”と言葉だけで指示したことがあった。

しかし、これでは子どもたちはあまり変化しなかった。

耳に手を当てるジェスチャーをつけて、“Listen!”と指示したところ、「あ、今は聞きなさいってことなのだな」と理解することができ、話すのをやめ、教師の方を向くことができた。

言葉だけで理解させようとするのではなく、簡単な指示でも、ジェスチャーをつけることは効果がある。

子どもが指示に従い、静かに聞くことができたときには、“Very good!”または、“You're a good listener!”と力強くほめるようにする。

外国語活動でも、「教えてほめる」で子どもたちに良い習慣をつけていく。

（井戸恵美）

（3）子どもをほめる
新法則化⑥ ほめ言葉は1つでも、3通りのほめ方を工夫する

子どもをほめるとき、ほめ言葉は、1つ知っていれば十分である。
特に使いやすいのが"Good."である。
しかし、同じ言葉だけでは単調に聞こえてしまう。そこで、ポイントがある。

ほめ言葉は1つでも、3通りのほめ方を工夫する。

3通りのほめ方の例を紹介する。

ほめ方1　驚いてほめる

子どもが不慣れな英語を使って、英語を発するのである。びっくりした表情をして"Good!"とほめよう。向山洋一氏は、「教師の仕事は驚くことである」と言う。子どものがんばりに驚いて、子どもをたくさんほめよう。

ほめ方2　優しくほめる

英語を話すことは、子どもたちにとって、かなりの抵抗がある。なかなか英語を声に出せなくて、困っている子どももいる。
たとえ、小さな声で答えたとしても、ニコッと微笑みながら、「Good!」と優しくほめたい。
優しくほめられることで、どの子も安心して授業に参加できる。

ほめ方3　力強くほめる

大きな声で発話できたとき、いつも手を挙げない子が手を挙げたときなど、特にしっかりほめたいときには、力強く"Very Good!!"とほめよう。

（小井戸政宏）

第3章　子ども1人ひとりを大切にする対応法

第3章 子ども1人ひとりを大切にする対応法

（3）子どもをほめる

新法則化㉛ "Good!" "Very good." "That's right." の3つを使いこなす

指導者向けの英語の本には、英語のほめ言葉が紹介されている。
Wonderful, excellent, good job……．
このようなほめ言葉を知ると、私はすぐに授業で使った。
しかし、子どもたちはあまりうれしそうではなかった。なぜか？
手当たり次第に使っていたため、気持ちがこもっていなかったからである。
気持ちのこもっていない多くのほめ言葉より、数は少なくてもいいから、気持ちのこもったほめ言葉の方がよい。
まずは、"Good!" "Very good." "That's right."の3つを使いこなそう。

"Good!"
"Very good."

井戸砂織氏は、"How are you ?/ I'm fine." の授業において、新出単語練習から2つのアクティビティー終了までに、これらのほめ言葉を18回使っていた。
井戸氏は"Good!" "Very good." を頻繁に入れることで、子どもをやる気にさせるだけでなく、授業にリズムとテンポを生み出している。

"That's right."

このほめ言葉は、最初に答えた子をほめるときに使っている。最初に答えた子どもの方をしっかり見て、"That's right（その通り）"と力強くほめるようにする。
早く答えた子をほめることで、周りの子の集中力も高まる。
「次は私もがんばるぞ！」という気持ちにさせることができる。

（笹原大輔）

(3) 子どもをほめる
新法則化㉖　授業後もほめる

　TOSS英会話セミナーに参加したとき、向山洋一氏から学んだことがある。

授業後もほめる。

　目から鱗が落ちた瞬間だった。授業の後もほめるなどとは思いもしなかった。「今日、頑張ったね」「今日、楽しかったね」という言葉を向山氏が例に出したと記憶している。これをすぐに追試した。英会話授業の後、こんなふうに学級全体をほめた。

「みんな、今日大きな声が出ていたね」
「よく手が挙がっていたね」

　子どもたちの表情が和らぎ、笑顔になったことがよく分かった。
　授業後もほめることで、学級を楽しい、明るい雰囲気にすることができる。
　また、子どもたちに、「英会話の授業は楽しい」「ほめてもらえる」という思いを持たせることができる。
　さらに、個人をほめることも心がけた。

「A君、英語をすらすら話していたね。覚えるのが早いねえ」
「B君は笑顔がいいね！」

　授業中は、もちろん、"Good!" "Very good!" "That's right!" などの短い英語でほめる。そうすることで、リズムとテンポよく授業を進めることができる。授業後もほめる。そのときは、日本語にすることで、子どもたちをより具体的にほめることができる。

(井戸砂織)

第4章 授業ですぐ使える人気のワークシート

（1）インフォメーションギャップワークシートは子どもたちを熱中させる
新法則化63　What's this? ／ It's a clock.

インフォメーションギャップとは？

インフォメーションギャップとは、一言で言うと次のような意味になる。

> 互いの情報に差があること

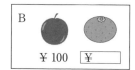

　右の2つのシートの場合、りんごの値段を知るためには、Bから情報を得るしかない。みかんの値段を知るためにはAから情報を得るしかない。情報に差があると、互いに話さざるを得ない状況を自然に作り出すことができる。だから、子どもが話せるようになっていくのである。
　このインフォメーションギャップの教材について、向山浩子氏は、次のように述べている。

> インフォメーションギャップ教材は、互い違いに一部の情報を空白にしておいて、問答やり取りをさせる方法だが、空白部は自分で発話を捻出しなければならないので、より実際に近づき、緊張を伴うから、教育効果がある。

『TOSS英会話授業づくり』2006年 第10号（明治図書）向山浩子氏の巻頭論文より引用

　本書では、アクティビティで活用できるインフォメーションギャップワークシートを5つ紹介する。

インフォメーションギャップワークシート
① What's this ? ／ It's a clock.

　このワークシートは、4つの黒い丸のシルエットが何であるかを尋ね、答えを線で結ぶワークシートである。子どもたちは4種類のワークシートをばらばらに持っているため、互いに知らない情報を集めようと、熱中して会話をする。

【準備物】

子どもが使うもの（195～196頁）
① 子ども用ワークシート（A5サイズ 子どもの人数分）　　② 鉛筆
（例）40人学級の場合、10枚ずつ印刷しておく。

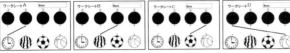

※A6サイズは138％で印刷するとA5になる。

教師が使うもの（195～197頁）
① やり方説明用ワークシート　② 答え合わせ用ワークシート　③ マジック
　（A3サイズ 4枚）　　　　　　（A3サイズ 1枚）　　　　　　（2本程度）
　※予め答えを書いておく。　　　※答えは書かない。

 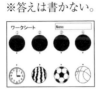 

※A5サイズは197％で印刷するとA3サイズになる。

【本時の単語・ダイアローグ】

① 単語（clock, watermelon, soccer ball, basketball）
② A : What's this?　　B : It's a clock.
③ I don't know.

　本時の単語や"I don't know."は、既習であることが望ましい。

【アクティビティの流れ】

1　やり方を示す
2　ワークシートを配付する
3　アクティビティを始める
4　答え合わせをする

第4章　授業ですぐ使える人気のワークシート

第4章 授業ですぐ使える人気のワークシート

1 やり方を示す
（1）3名を指名して前に呼び、使うワークシートを全員に見せる

T（教師）: Any challengers? Come here.（3名を前に出す）
教師は、やり方説明用ワークシートAを、子どもはB・C・Dを持つ。

※ 指名した3名（花子、太郎、健）に持たせるワークシートの例

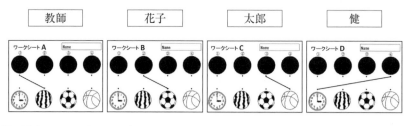

T : This is my Sheet. Secret.

　前に立った4名は、お互いにワークシートの答えが見えないように気をつけて会話をする。

（2）1人目（花子）と会話をする

① **教師が1人目の花子に、No.2 が何であるかを聞く**
T（教師）: Hanako, No.2, what's this?（番号を言った後で尋ねる）
Hanako : It's a soccer ball.
（教師は、ワークシートAに答えの線を書く）
T : Switch role.（交代する）
② **花子が教師に、どれか1つについて聞く**
Hanako : No.1, what's this?
　T: It's a watermelon.
（花子は、ワークシートBに答えの線を書く）
T : Bye!
Hanako : Bye!

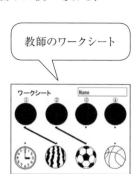

教師のワークシート

　尋ねるときには、番号を言ってから尋ねることを徹底する。

（3）2人目（太郎）と会話をする

① 教師が2人目の太郎に、No.3 が何であるかを聞く

T：No.3, what's this?
Taro：It's a basketball.（教師は、答えの線を書く）

② 太郎が教師に、どれか1つについて聞く

Taro：No.4, what's this?
T：Uh…. I don't know.　Repeat. I don't know.
C（子ども）：I don't know.
T：I don't know.　C：I don't know.
T：Bye!
Taro：Bye!

　答えが分からないときは、"I don't know." と答えることを知らせる。
　相手が "I don't know." と答えたときは、ワークシートに何も書き込めない。

（4）3人目（健）と会話をする

① 教師が3人目の健に、No.4 が何であるかを聞く

T：No.4, what's this?
Ken：It's a clock.（教師は、答えの線を書く）

② 健が教師に、どれか1つについて聞く

Ken：No.2, what's this?
T：It's a soccer ball.（健は、答えの線を書く）
T：Bye!
Ken：Bye!

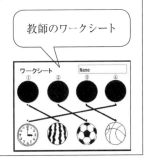

　3人と会話を終えた時点で、教師のワークシートは、答えをすべて書き込んだ状態になっている。

（5）すべての答えが分かったら、教室の前方に集まることを教える

T：(完成したシートを見せて、線をなぞりながら)

第4章　授業ですぐ使える人気のワークシート

第4章 授業ですぐ使える人気のワークシート

One, two, three, four. Finish and come here please.
（教師が立っている教室前方を指しながら言う）

終わりの行動まで示した後に、活動に移ることが大切である。

2 ワークシートを配付する

（1）教室を4つのグループＡＢＣＤに分ける

（2）子ども用ワークシートを配布する

Aグループの子にはAのシートを、Bグループの子にはBのシートを渡す。

（3）氏名を書かせる

3 アクティビティを始める

鉛筆とワークシートを持って自由に歩かせ、会話をさせる。

T : Have a pencil and your sheet. Stand up, please! Ready, go!

教師は、学級全体の様子を把握しながらも、相手を見つけ、会話をする。相手を見つけることができない子がいたら、教師から話しかける。

4 答え合わせをする

T : Go back to your seat. Let's check. No.1, what's this?
全員に向かって尋ねても良いし、個別に指名しても良い。
C : It's a 〜．
T : That's right!（正解を答え合わせ用ワークシートに書き込む）
残りの3つも同じように答え合わせをする。
T : Perfect?（全問正解者を挙手させる）Good job!

最後に子どもたちの活動の良かった点をほめて、自信を持たせるようにする。

（岩井友紀）

【子ども用ワークシート】

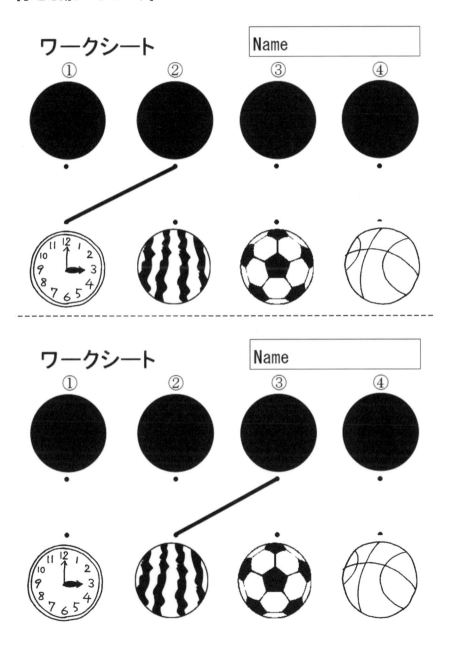

第4章 授業ですぐ使える人気のワークシート

第4章 授業ですぐ使える人気のワークシート

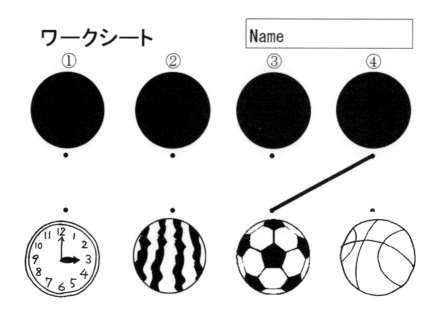

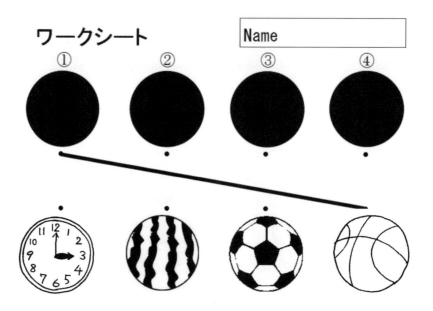

【やりかた説明用・答え合わせ用ワークシート】

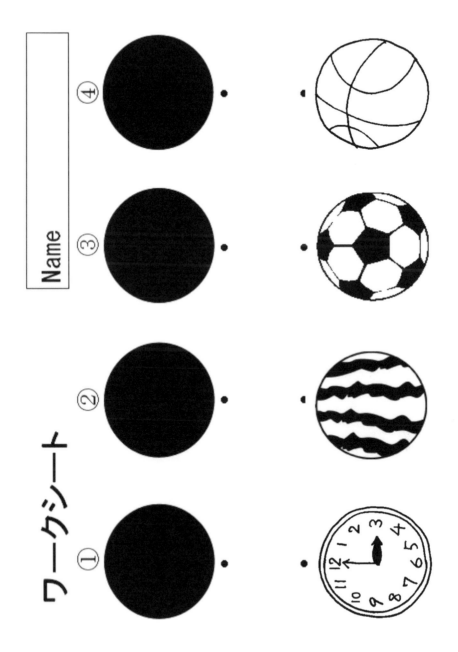

第4章 授業ですぐ使える人気のワークシート

第4章　授業ですぐ使える人気のワークシート

（1）インフォメーションギャップワークシートは子どもたちを熱中させる

新法則化㉔　How many apples are there? ／ There is one.

　このワークシートは、果物や野菜がいくつあるかを尋ねて、その数だけ色を塗るワークシートである。色を塗る作業は、子どもにとって楽しく、集中できる作業である。また、すべて終えた後の達成感も得られる。

【準備物】

子どもが使うもの　（199〜200頁）
①子ども用ワークシート（A5サイズ　子どもの人数分）　　②鉛筆・赤鉛筆
（例）40人学級の場合、1枚に4種類を10枚ずつ印刷

※A6サイズは138％で印刷するとA5になる。

教師が使うもの　（199〜201頁）
①やり方説明用ワークシート　　②答え合わせ用ワークシート　　③マジック
　（A3サイズ　4枚）　　　　　　（A3サイズ　1枚）　　　　　　（2本程度）
　※予め答えを書いておく。　　　※答えは書かない。

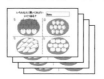 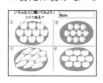 

※A5サイズは197％で印刷するとA3サイズになる。

【本時のダイアローグ】

① 単語（apples, strawberries, carrots, tomatoes）
② A：How many apples are there?　　B：There is one. / There are two.
③ I don't know.　　　　　　　　　①③は、既習であることが望ましい。

　指導の流れは、インフォメーションギャップワークシート（190頁）と同じである。

（岩井友紀）

【子ども用ワークシート】

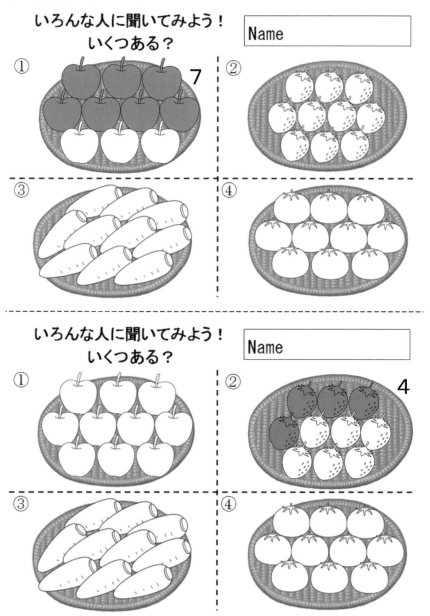

第4章 授業を展開する

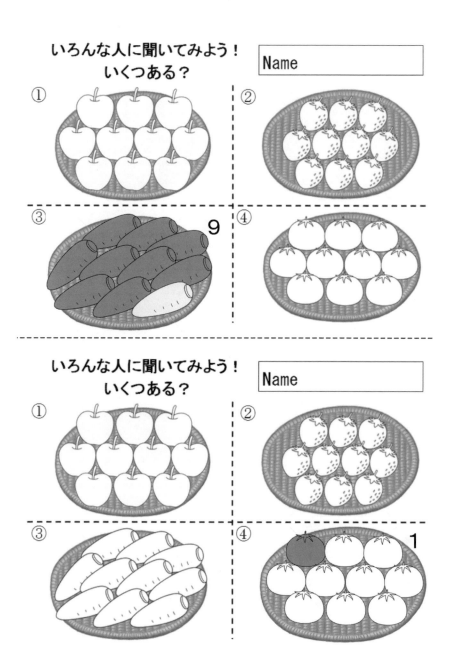

いろんな人に聞いてみよう！
いくつある？

① ② ③ 9 ④

いろんな人に聞いてみよう！
いくつある？

① ② ③ ④ 1

【やり方説明用・答え合わせ用ワークシート】

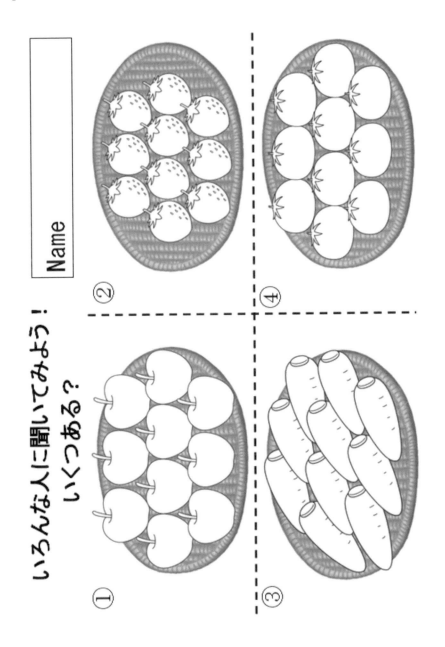

第4章 授業ですぐ使える人気のワークシート

（1）インフォメーションギャップワークシートは子どもたちを熱中させる

新法則化㉅　What time is it? ／ It's one o'clock.

　このワークシートは、4つの都市が何時かを尋ねて、答えを線で結ぶというワークシートである。子ども同士が会話を通して、4つの都市の時刻を完成させていく。聞いた時刻を記入するだけなので、簡単に取り組める。

【準備物】

　子どもが使うもの　（203～204頁）

①子ども用ワークシート（A5サイズ　子どもの人数分）　　②鉛筆

（例）40人学級の場合、1枚に4種類を10枚ずつ印刷しておく。

※A6サイズは138％で印刷するとA5になる。

　教師が使うもの　（203～205頁）

①やり方説明用ワークシート　　②答え合わせ用ワークシート　　③マジック
　（A3サイズ　4枚）　　　　　　（A3サイズ　1枚）　　　　　　（2本程度）
　※予め答えを書いておく。　　　※答えは書かない。

※A5サイズは197％で印刷するとA3サイズになる。

【本時のダイアローグ】

① 単語 (地名：Tokyo, London, Honolulu, Sao Paulo　時刻：one o'clock....)
② A : What time is it in Tokyo?　B : It's one o'clock.
③ I don't know.　　　　　　　　①③は、既習であることが望ましい。

　指導の流れは、インフォメーションギャップワークシート（190頁）と同じである。

（岩井友紀）

【子ども用ワークシート】

ワークシートA

Name

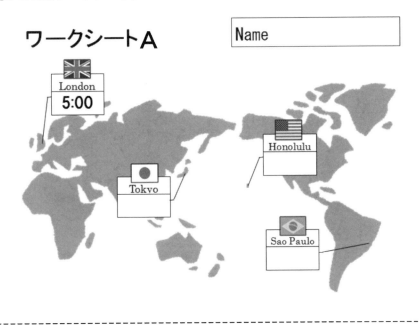

ワークシートB

Name

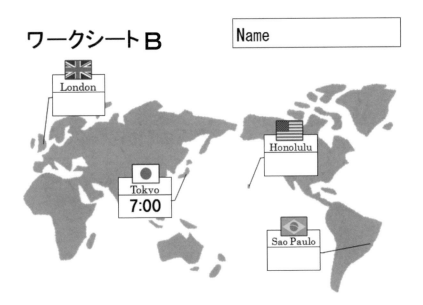

第4章 授業ですぐ使える人気のワークシート

第4章 授業ですぐ使える人気のワークシート

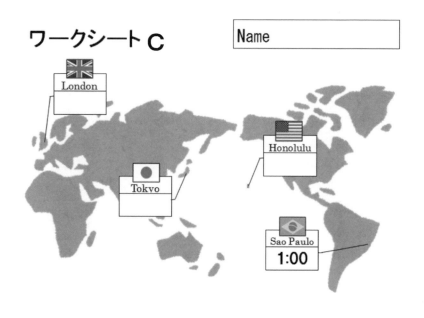

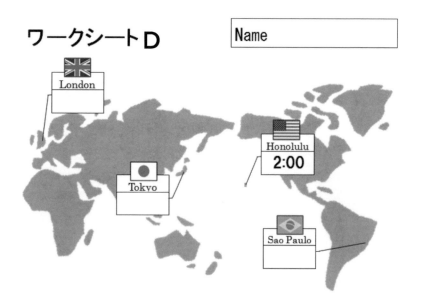

【やり方説明用・答え合わせ用ワークシート】

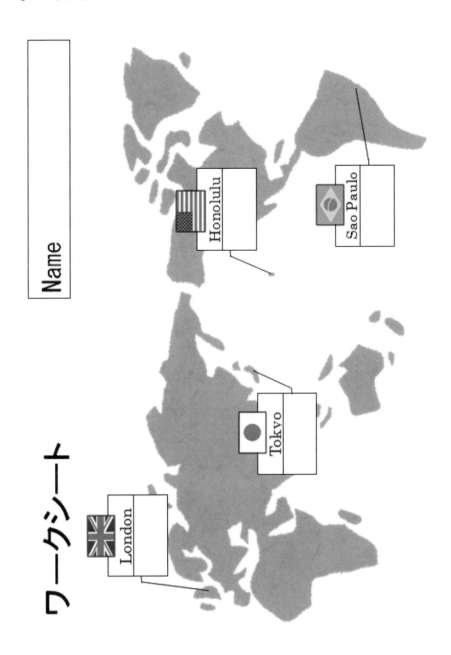

第4章 授業ですぐ使える人気のワークシート

第4章 授業ですぐ使える人気のワークシート

（1）インフォメーションギャップワークシートは子どもたちを熱中させる
新法則化⑯　How is the weather? ／ It's sunny.

　このワークシートは、4つの都市の天気を尋ねて、答えを線で結ぶというワークシートである。子ども同士が会話を通して、4つの都市の天気情報を集め、完成させていく。聞いたことを線で結ぶだけなので、簡単に取り組める。

【準備物】

|子どもが使うもの|（207～208頁）|

①子ども用ワークシート（A5サイズ 子どもの人数分）　　②鉛筆
（例）40人学級の場合、1枚に4種類を10枚ずつ印刷しておく。

※A6サイズは138％で印刷するとA5になる。

|教師が使うもの|（207～209頁）|

①やり方説明用ワークシート　　②答え合わせ用ワークシート　③マジック
　（A3サイズ 4枚）　　　　　　（A3サイズ 1枚）　　　　　（2本程度）
　※予め答えを書いておく。　　※答えは書かない。

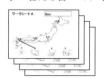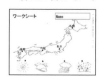

※A5サイズは197％で印刷するとA3サイズになる。

【本時のダイアローグ】

① 単語（sunny, cloudy, rainy, snowy）
② A : How is the weather?　　B : It's sunny.
③ I don't know.　　　　　　①③は、既習であることが望ましい。

　指導の流れは、インフォメーションギャップワークシート（190頁）と同じである。

（岩井友紀）

【子ども用ワークシート】

ワークシート A

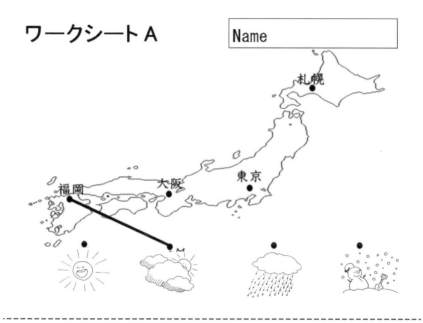

ワークシート B

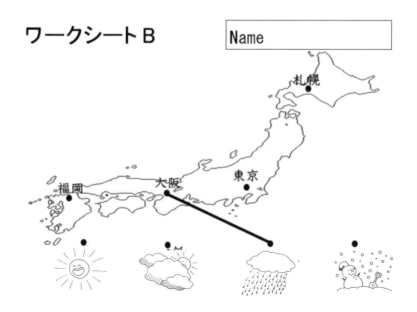

第**4**章　授業ですぐ使える人気のワークシート

ワークシートC

Name

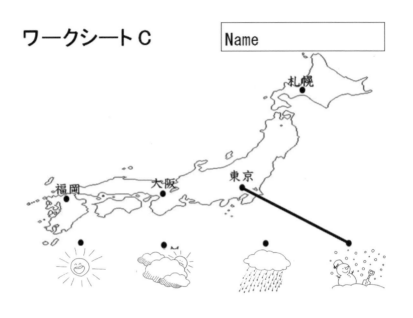

ワークシートD

Name

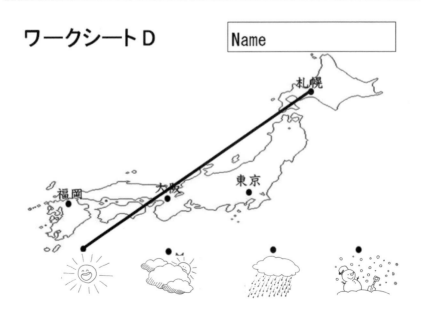

【やり方説明用・答え合わせ用ワークシート】

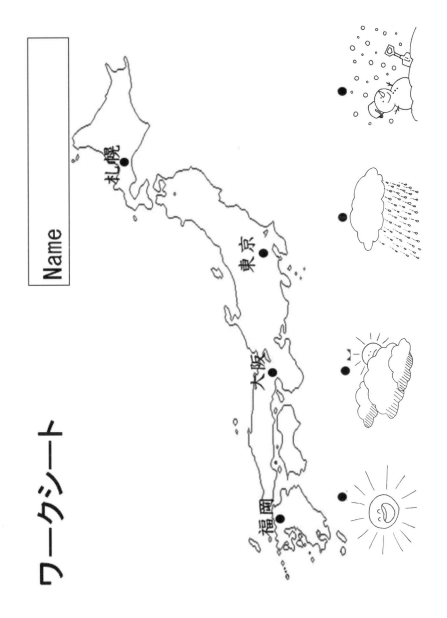

第4章 授業ですぐ使える人気のワークシート

第4章　授業ですぐ使える人気のワークシート

> （1）インフォメーションギャップワークシートは子どもたちを熱中させる
> **新法則化㊻**　Who is this? ／ It's Yumi.

　このワークシートは、イラストに描かれている人の名前を尋ねて、答えを書き込むワークシートである。写真を見ながら家族や友だちの名前を尋ねたり答えたりすることは、実生活でも、あり得る場面であるので、ぜひ取り組みたい。

【準備物】

| 子どもが使うもの | （211〜212頁） |

①子ども用ワークシート（A5サイズ 子どもの人数分）　　②鉛筆
（例）40人学級の場合、1枚に3種類を14枚ずつ印刷しておく。

※A6サイズは138％で印刷するとA5になる。

| 教師が使うもの | （211〜212頁） |

①やり方説明用ワークシート　　②答え合わせ用ワークシート　　③マジック
（A3サイズ 4枚）　　　　　　（A3サイズ 1枚）　　　　　　（2本程度）
※予め答えを書いておく。　　※答えは書かない。

※A6サイズは277％で印刷するとA3になる。

【本時のダイアローグ】

① 単語（人の名前：Yumi, Ken, Mika, Takuya, Hana, Akira）
② A : Who is this?　　B : It's Yumi.
③ I don't know.　　　　　　　　　　③は、既習であることが望ましい。

　指導の流れは、インフォメーションギャップワークシート（190頁）と同じである。

（岩井友紀）

【子ども用ワークシート】

これは だれでしょう？　Name

① Yumi　② 　③
④ Takuya　⑤ 　⑥

これは だれでしょう？　Name

① 　② Ken　③
④ 　⑤ Hana　⑥

第4章 授業ですぐ使える人気のワークシート

【やり方説明用・答え合わせ用ワークシート】

（2）選択型ワークシートを使うと自分の意見をはっきり表すことができる

> 新法則化❻❽　Which do you like？ ／
> 　　　　　　　I like Japanese.

　このワークシートは、どちらの科目が好きかを尋ね、相手が答えた科目の下にある〇に色を塗るワークシートである。会話することで、ダイアローグを定着させるだけでなく、友だちの好みを知ることもできるので、より一層楽しく活動できる。

【準備物】

子どもが使うもの　（217頁）
①児童用ワークシート
　（A5サイズ
　　子どもの人数分）

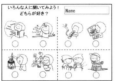

②鉛筆

教師が使うもの　（217頁）
①やり方説明用ワークシート
　（A3サイズ1枚）

③マジックペン（1本）

※A5サイズは197％で印刷するとA3サイズになる。
※児童用ワークシートとやり方説明用ワークシートは、同じ内容である。

【本時の単語・ダイアローグ】

①単語（Japanese, mathematics, social studies, science, music,
　　　　arts and crafts, home economics, P.E.）
② A：Which do you like？　B：I like Japanese.

　本時の単語は、既習であることが望ましい。

第4章 授業ですぐ使える人気のワークシート

【アクティビティの流れ】
1 やり方を示す
2 ワークシートを配布する
3 アクティビティを始める
4 がんばった子どもをほめる

1　やり方を示す

(1) 3名を指名して前に呼び、使うワークシートを全員に見せる

T（教師）：Any volunteers? Come here.（3名を前に出す）

（今回は、子ども3名を花子・太郎・健とする。教師は、やり方説明用ワークシート〈A3サイズ〉を持つ）

(2) 1人目（花子）と会話をする

① 教師が1人目の花子に、どちらが好きかを聞く

T（教師）：Look carefully.
（自分のワークシートの国語と算数を指しながら）Which do you like?

Hanako：I like Japanese.

教師は、国語のイラストの下の○に色を塗って見せる。

T：Switch role.（交替する）

→ 教師のワークシート

② 花子が教師に、どちらが好きかを聞く

Hanako：Which do you like?

T：I like science.

花子は、自分のワークシートの理科の下にある○に色を塗る。

T：Bye!
Hanako：Bye!

　尋ねるときは、イラストを指しながら尋ねることを徹底すると混乱しない。

(3) 2人目（太郎）と会話をする

① 教師が2人目の太郎に、どちらが好きかを聞く

T：（自分のワークシートの音楽と図工を指しながら）Which do you like?

Taro：I like music.

教師は、音楽のイラストの下の〇に色を塗って見せる。

② 太郎が教師に、どちらが好きかを聞く

Taro：Which do you like?

T：I like P.E.

太郎は、自分のワークシートの体育の下にある〇に色を塗る。

T：Bye!

Taro：Bye!

教師のワークシート

　尋ねるときは、自分が尋ねたいものから尋ねてよい。

(4) 3人目（健）と会話をする

① 教師が3人目の健に、どちらが好きかを聞く

T：（自分のワークシートの国語と算数を指しながら）Which do you like?

Ken：I like Japanese.

すでに、国語の下には色が塗ってあるので、塗ることはできない。

② 健が教師に、どちらが好きかを聞く

Ken：Which do you like?

T：I like arts and crafts.

健は、自分のワークシートの図工の下にある〇に色を塗る。

T：Bye!

Ken：Bye!

教師のワークシート

　尋ねた相手が、すでに色が塗ってある科目を答えたときには、〇に色を塗ることはできない。このことをデモンストレーションの中で1度は必ず取り上げて示すと、混乱しない。

第4章 授業ですぐ使える人気のワークシート

（5）すべての○に色が塗れたら、教室の前方に集まることを教える

T：（8つの○に色が塗りながら）
1, 2, 3, 4, 5, 6, 7, 8. Finish and come here please.
（教師が立っている教室前方を指しながら言う）

終わりの行動まで示した後に、活動に移ることが大切である。

2　ワークシートを配布する

ワークシートが配られたら、すぐに氏名を書かせる。

3　アクティビティを始める

鉛筆とワークシートを持って自由に歩かせ、会話をさせる。

T：Have a pencil and your sheet. Stand up, please! Ready, go!

教師は、学級全体の様子を把握しながらも、相手を見つけ、会話をする。
相手を見つけることができない子がいたら、教師から話しかける。

4　がんばった子どもをほめる

学級の3分の1程度の子どもが前に来たところで、活動の終わりを告げて、着席させる。全員が終わるのを待ってしまうと、間延びしてしまうためである。
その後、がんばった子どもをほめる。

① 成果を確認する

T：Go back to your seat.（前に集まってきた子どもに向かって）8, Perfect!?
（8つとも色を塗れたことを確認してほめる）Good job!
（7つ○がついた人を挙手させてほめる）7？　Good!
以下、6つ5つとどれだけ色を塗ることができたかを聞いていく。

② 最後に、全員に尋ねる

（ワークシートの国語と算数を指しながら）T：Which do you like?
C（子ども）：I like 〜 .（自分の好きな方を答える）残り3つも同様に進める。

（岩井友紀）

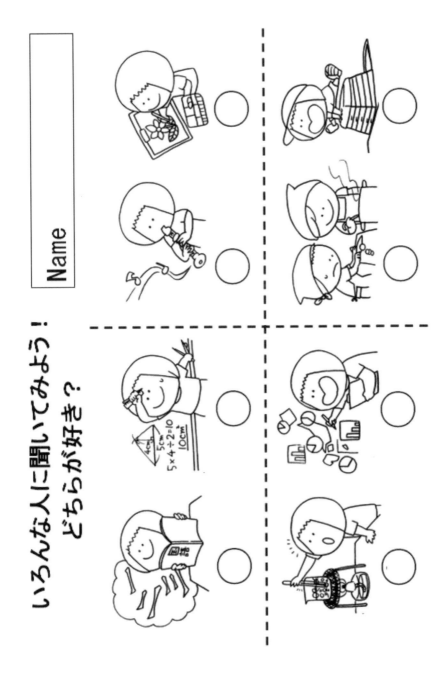

第4章　授業ですぐ使える人気のワークシート

> （2）選択型ワークシートを使うと自分の意見をはっきり表すことができる
> **新法則化⑲**　Which do you like? ／ I like rice.

　このワークシートは、どちらの食べ物が好きかを尋ね、相手が答えた食べ物の下にある○に色を塗るワークシートである。ワークシートの最後には、自分で考えた食べ物を2つ書き込む欄があり、それを友だちに尋ねることができるようになっている。子どものアイディアで、盛り上がること間違いなし。

【準備物】

子どもが使うもの　（219頁）	
①児童用ワークシート （A5サイズ 子どもの人数分） 	②鉛筆 

教師が使うもの　（219頁）	
①やり方説明用ワークシート （A3サイズ 1枚） 	③マジックペン（1本） 

※A5サイズは197％で印刷するとA3サイズになる。
※子ども用ワークシートとやり方説明用ワークシートは、同じ内容である。

【本時の単語・ダイアローグ】

① 単語（rice, bread, spaghetti, curry and rice, udon, soba）
② A：Which do you like?　B：I like rice.　①は、既習であることが望ましい。

　指導の流れは、選択型ワークシート（213頁）とほぼ同じである。空欄に自由に食べ物を2つ書くところは、やり方を説明するときに、教師が絵や文字で自由に食べ物を書く場面を見せることで理解させる。

（岩井友紀）

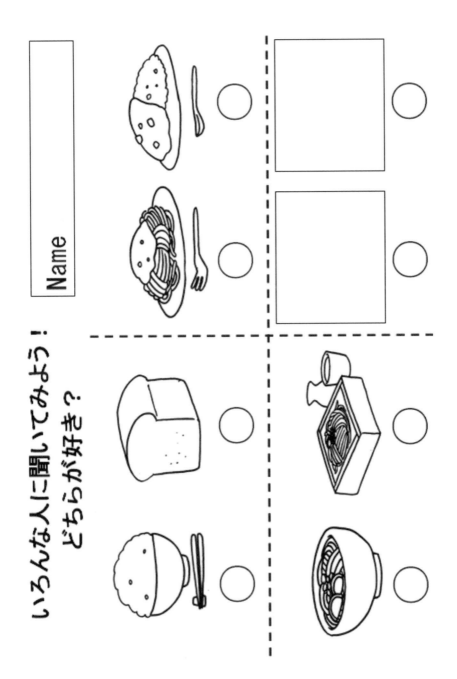

第4章 授業ですぐ使える人気のワークシート

> （3）グラフ型ワークシートを使うとたくさんの友だちと話したくなる
> **新法則化⑩**　How are you? ／ I'm fine.

　このワークシートは、相手から返ってきた答えに合う欄に〇をつけ、どの意見が多かったかをグラフに表すワークシートである。たくさんの友だちと話すほど、〇の数が増えていくので、どんどん話したくなる。

【準備物】

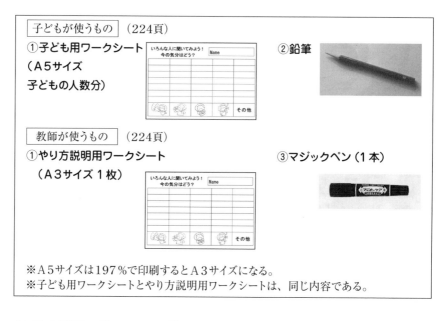

※A5サイズは197％で印刷するとA3サイズになる。
※子ども用ワークシートとやり方説明用ワークシートは、同じ内容である。

【本時の単語・ダイアローグ】

> ① 単語（fine, hot, hungry, sleepy）
> 　　ワークシートには載っていない単語（good, cold, happy, tired, sad）
> ② A : How are you?　B : I'm fine.

　本時の単語は、既習であることが望ましい。

【アクティビティの流れ】
1 やり方を示す
2 ワークシートを配布する
3 アクティビティを始める
4 がんばった子どもをほめる

1 やり方を示す
(1) 3名を指名して前に呼び、使うワークシートを全員に見せる

T（教師）：Any volunteers? Come here.（3名を前に出す）
（今回は、子ども3名を花子・太郎・健とする。教師は、やり方説明用ワークシート〈A3サイズ〉を持つ）

(2) 1人目（花子）と会話をする

① 教師が1人目の花子に、気分を尋ねる
T（教師）：Look carefully.
　　　　　How are you?
Hananko：I'm fine.
教師は、"fine" のイラストの上の欄に○を書いてみせる。
T：Switch role.（交代する）
② 花子が教師に、気分を尋ねる
Hanako：How are you?
T：I'm hot.
花子は、自分のワークシートの "hot" のイラストの上の欄に○を書く。
T：Bye!
Hanako：Bye!

教師のワークシート

fine, hot, hungry, sleepy 以外のことを答えた場合には、その他の欄に○を書く。

第4章　授業ですぐ使える人気のワークシート

第4章 授業ですぐ使える人気のワークシート

（3）2人目（太郎）と会話をする

① 教師が2人目の太郎に、気分を尋ねる

T：How are you?

Taro：I'm tired.

教師は、その他の欄の上に○を書いて見せる。

② 太郎が教師に、気分を尋ねる

Taro：How are you?

T：I'm hot.

太郎は、自分のワークシートの"hot"のイラストの上の欄に○を書く。

T：Bye!

Taro：Bye!

教師のワークシート

（4）3人目（健）と会話をする

① 教師が3人目の健に、気分を尋ねる

T：How are you?

Ken：I'm fine.

教師は、"fine"のイラストの上の欄に○を書いて見せる。

② 健が教師に、気分を尋ねる

Ken：How are you?

T：I'm hot.

健は、自分のワークシートの"hot"のイラストの上の欄に○を書く。

T：Bye!

Ken：Bye!

　たくさんの人と会話をすると、1つの欄から○が書ききれずに、はみ出してしまう場合がある。その場合は、欄外に○を書き足せば良い。

(5) 時間内にできるだけたくさんの友だちと会話をするように伝える

T：Talk with many friends.

2　ワークシートを配布する

ワークシートが配られたら、すぐに氏名を書かせる。

3　アクティビティを始める

鉛筆とワークシートを持って自由に歩かせ、会話をさせる。

T：Have a pencil and your sheet. Stand up, please! Ready, go!

　教師は、学級全体の様子を把握しながらも、相手を見つけ、会話をする。また、相手を見つけることができない子がいたら、教師から話しかける。
　活動の最中に、「その他」の意見を話している子どもをできるだけたくさん見つけておくと良い。後で、紹介したり、ほめたりすることができる。

4　がんばった子どもをほめる

　活動の終わりを告げて、着席させる。その後、がんばった子どもをほめる。

①項目ごとに、いくつ○がついたかを成果を確認する
T：Go back to your seat. "I'm fine.", how many circles? 1? 2?
他の項目についても同様に尋ね、たくさんの○がついた児童をほめる。
② 全員に尋ね、答えさせる
T：Last, every one, how are you? "I'm fine."（挙手させる）
　　"I'm hot."（挙手させる）"I'm hungry."（挙手させる）
　　"I'm sleepy."（挙手させる）" その他 "（挙手させる）　Stand up.
立った子どもに1人ずつ尋ねる。（座っている子ども全員で尋ねても良い）
T：How are you?
C（子ども）：I'm 〜.

　最後に「その他」の意見だった子ども一人ひとりに尋ねていくと、周りの子どもたちも様々な言い方を知ることができて良い。

（岩井友紀）

第4章 授業ですぐ使える人気のワークシート

いろんな人に聞いてみよう！
今の気分はどう？

Name

								その他

（3）グラフ型ワークシートを使うとたくさんの友だちと話したくなる

新法則化㋛　What sports do you like?／I like soccer.

　このワークシートは、どんなスポーツが好きかを尋ね、相手が答えたスポーツのイラストの上に○をつけていくワークシートである。スポーツについての問答は、やんちゃ君が活躍する場面を多く作ることができ、お薦めである。

【準備物】

子どもが使うもの　（226頁）
①子ども用ワークシート
（Ａ５サイズ
子どもの人数分）

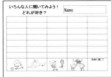

②鉛筆

教師が使うもの　（226頁）
①やり方説明用ワークシート
（Ａ３サイズ１枚）

③マジックペン（１本）

※Ａ５サイズは197％で印刷するとＡ３サイズになる。
※※子ども用ワークシートとやり方説明用ワークシートは、同じ内容である。

【本時の単語・ダイアローグ】

① 単語（soccer, swimming, baseball, basketball）
ワークシートにはない単語（tennis, volleyball, badminton, sumo, judo, skating, などスポーツに関する単語）
② A：What sports do you like?　B：I like soccer.
①は、既習であることが望ましい。

　指導の流れは、○×型ワークシート（227頁）と同じである。　　　（岩井友紀）

第4章　授業ですぐ使える人気のワークシート

いろんな人に聞いてみよう！どれが好き？

Name

								自由に書こう
								(バスケット)
								(野球)
								(水泳)
								(サッカー)

（4）〇×型ワークシートを使うと、友だちのことがもっとよく分かる

新法則化㊷　Can you play Kendama？／Yes, I can.（No, I can't.）

　このワークシートは、尋ねた内容について、相手が"Yes"と答えたら〇を書き込み、"No"と答えたら×を書き込むというシンプルなワークシートである。ワークシートには、自分が尋ねたい内容を決めることができる欄があるので、友だちの新たな一面を知る機会にもなり、楽しく活動できる。

【準備物】

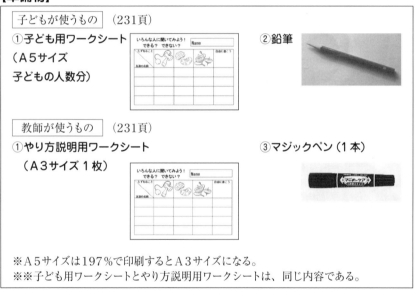

※A5サイズは197％で印刷するとA3サイズになる。
※※子ども用ワークシートとやり方説明用ワークシートは、同じ内容である。

【本時の単語・ダイアローグ】

① 単語（Kendama, Otedama, Koma）
② A：Can you play Kendama？　B：Yes, I can. / No, I can't.

　本時の単語は、既習であることが望ましい。

第4章　授業ですぐ使える人気のワークシート

【アクティビティの流れ】
1　やり方を示す
2　ワークシートを配付する
3　アクティビティを始める
4　がんばった子どもをほめる

1　やり方を示す
（1）3名を指名して前に呼び、使うワークシートを全員に見せる

T（教師）：Any volunteers? Come here.（3名を前に出す）
（今回は子ども3名を、花子・太郎・健とする。教師は、やり方説明用ワークシート〈A3サイズ〉を持つ）
T：（1番右の自由に書く欄を指しながら）
　　This space, Hanetuki, Taketombo, Origami…. original question.
（教師は、空欄に遊びを書き入れて見せる。絵でも文字でも良い。また、前に出した子どもにも、友だちに聞いてみたいことを書き込ませる）

教師のワークシート

（2）1人目（花子）と会話をする

① 教師が1人目の花子に、できるかどうかを聞く
T：（友だちの名前の欄に「Hanako」と書いてから）
Can you play Kendama?　Hanako：Yes, I can.
（教師は、けん玉のイラストの下の○を書いて見せる）
T：Can you play Otedama?　Hanako：No, I can't.
（お手玉のイラストの下に×を書いて見せる）
T：Can you play Koma?　Hanako：Yes, I can.
（こまのイラストの下に○を書いて見せる）
T：Can you play Hanetuki?　Hanako：Yes, I can.
（はねつきの文字の下に○を書いて見せる）

教師のワークシート

② 花子が教師に、できるかどうかを聞く
T : Switch role.（交替する）
Hanako : Can you play Kendama?   T: No, I can't.
　　　（花子は、けん玉のイラストの下に × と書きこむ）
以下同様に、お手玉、こま、オリジナルの質問の順に尋ねて、答えを書く。
T : Bye!
Hanako : Bye!

　まず1人が、「けん玉」からオリジナルの質問まで順に尋ねて、ワークシートに答えを書いていく。4つとも質問を終えてから、役割を交替することを理解させる。

（3）2人目、3人目とも会話をする
　1人目と同様に進めるので省略する。

（4）すべての○に色が塗れたら、教室の前方に集まることを教える

T :（友だちの名前の欄を上から順に指しながら）
　　One, two, three, four.
　　Finish and come here please.
（教師が立っている教室前方を指しながら言う）

　4人と会話をしてワークシートを完成させたら前に来るように告げる。終わりの行動まで示した後に、活動に移ることが大切である。

2　ワークシートを配布する
　ワークシートが配られたら、すぐに自分の氏名を書かせる。友だちの名前は、実際に相手を見つけてから書く。

3　アクティビティを始める
（1）鉛筆とワークシートを持って自由に歩かせ、会話をさせる

T : Have a pencil and your sheet. Stand up, please! Ready, go!

第4章 授業ですぐ使える人気のワークシート

教師は、学級全体の様子を把握しながらも、相手を見つけ、会話をする。
相手を見つけることができない子がいたら、教師から話しかける。

（2）前に来た子どもから順に、教師はワークシートにサインをする

T : Very good!
思い切りほめながら、前に来た子のワークシートにサインをしていく。（印を押したり、シールを貼ったりしてもよい）

最後に、教師がサインをすることで、子どもに達成感を与える。
サインをもらったら、子どもを席に戻らせるようにする。

4 がんばった子どもをほめる

学級の3分の2程度の子どもが前に来たところで、活動の終わりを告げて、着席させる。全員が終わるのを待ってしまうと、間延びしてしまうためである。
その後、がんばった子どもをほめる。

① **席に戻る**
T : Go back to your seat.
② **発表する**
T : Any challengers?（2人指名して立たせる）
　Kendama, Otedama, Hanetuki, Origami….Any questions, O.K.
ワークシートにない質問でもよいことを簡単に確認しておく。
C1 : Can you play Koma?
C2 : Yes, I can.
T : Switch role.
C2 : Can you play Menko?
C1 : Yes, I can.

　発表の際に、オリジナルの質問をさせると、盛り上がる。アクティビティの活動中に、面白い質問をしている子どもを見つけておくとよい。

（岩井友紀）

いろんな人に聞いてみよう！
できる？ できない？

Name

たずねること / 友だちの名前				自由に書こう

第4章　授業ですぐ使える人気のワークシート

> （4）○×型ワークシートを使うと、友だちのことがもっとよく分かる
>
> **新法則化⑦３**　Do you have a watch? ／
> Yes, I do. (No, I don't.)

　このワークシートは、表に書いてあるものを持っているかどうかを尋ね、相手が持っていたら○を書き込み、持っていなかったら×を書き込むワークシートである。自分で考えたものを2つ書き込む欄もあるので、会話で友だちのことを知ることができる楽しい活動になる。

【準備物】

子どもが使うもの　（233頁）
①子ども用ワークシート （A5サイズ　子どもの人数分）

②鉛筆

教師が使うもの　（233頁）
①やり方説明用ワークシート （A3サイズ　1枚）

③マジックペン（1本）

※A5サイズは197％で印刷するとA3サイズになる。
※※子ども用ワークシートとやり方説明用ワークシートは、同じ内容である。

【本時の単語・ダイアローグ】

① 単語（dog, soccer ball, brother(sister)）
ワークシートにはない単語（bicycle, watch, bag など持ち物になり得る物）
② A：Do you have a watch?　B：Yes, I do. / No, I don't.
※①は、既習であることが望ましい。

　指導の流れは、○×型ワークシート（227頁）と同じである。　　　　　（岩井友紀）

いろんな人に聞いてみよう！
もっていますか（いますか）？

Name [　　　　　]

たずねるもの ＼ 友だちの名前	🐕	⚽	👨‍👩‍👧	自由に書こう

第5章 ALTとの授業の組み立て方

> **（1）ALTとのコミュニケーション**
> **新法則化㉔　ALTと仲良くなれる**
> **　　　　　　３つのダイアローグを覚える**

　ALTと日頃から、積極的にコミュニケーションをとり、話しやすい関係を築くことが大切である。
　次の３つのダイアローグを覚えておくと、楽しく会話ができる。

1　挨拶をする

| A : How are you?　元気ですか。 |
| B : I'm fine (good).　元気です。 |

　あいさつはコミュニケーションの基本である。まずは、ALTに会ったら、笑顔で"How are you?"と自分から声をかけよう。

2　飲み物などをすすめる

| A : Would you like some coffee?　コーヒーはいかがですか。 |
| B : Yes, please. / No, thank you.　お願いします。／けっこうです。 |

　飲み物や食べ物をすすめるときには、この表現を使おう。"coffee"を"tea""water""cake"などに置きかえるだけ。また、「何が飲みたいですか」と尋ねたいときは"What would you like to drink？"と聞くと良い。

3　何をしたかを尋ねる

| A : What did you do yesterday (last weekend)? |
| 　昨日（先週末）何をしましたか。 |
| B : I went to Kyoto.　京都に行きました。 |

　昨日や先週末のことを尋ねて話題作りをする。ALTと積極的に会話をすることは、教師自身の英語力の向上にもつながる。

（戸田恭子）

(1) ALTとのコミュニケーション

新法則化㊻　ALTが主で授業するパーツでは、担任は子どもと一緒に楽しく積極的に参加する

ALTが英会話授業に入る場合は、担任とALTが協力することで授業がより楽しくなる。ALTが主になって進める授業のパーツで大切なことは、次のことである。

> 教師が子どもと一緒に授業に楽しく積極的に参加する。

教師が楽しく授業に参加すると、次のような良さがある。

> 良さ1　子どもが安心して授業に参加できる。
> 良さ2　子どもが教師の良さを真似るようになる。
> 良さ3　ALTと良い関係を築くことができる。

良さ1　子どもが安心して授業に参加できる。

教師が一緒に参加することで子どもたちは安心して授業に参加できる。

良さ2　子どもが教師の良さを真似るようになる

教師が楽しそうに参加していれば、子どももつられて楽しそうに授業を受ける。

教師が堂々と発話したり、手を挙げたり、次々と相手を変えて会話をしたりしていれば、その良さを子どもは真似ようとする。

良さ3　ALTと良い関係を築くことができる

以前同僚だったALTに、「荻野先生は、子どもと一緒に授業に参加してくれて、とてもうれしいです」と言われた。そのALTとは、とても楽しく授業をすることができた。

「人と良い関係を築くためには、まず自分から！」である。

　　　　　　　　　　　　　　　　　　　　　　　　　　　　　（荻野珠美）

第5章　ALTとの授業の組み立て方

（1）ALTとのコミュニケーション
新法則化㉚　最後は、ALTとハイタッチで楽しく授業を終える

授業の最後は楽しく終えたい。
「ああ、今日も楽しかったなあ！」「来週が楽しみだなあ」と思わせたいからである。
このような方法がある。

> 最後は、ALTとハイタッチで楽しく授業を終える。

授業の最後に、教師が"That's all for today, good bye!"と言う。
子どもたちも大きな声で、"Good bye!"と言う。
さらに、ALTに向かっても、教師が"Good bye!"と言う。
子どもたちも、ALTに向かって、"Good bye!"と言う。
特別教室で英会話の授業を行う場合、この直後、出口のところにALTに立ってもらう。
担任は、音楽を流す。楽しい雰囲気の曲なら何でも良い。できれば、英語の歌が良い。
子どもたちは、ALTの前にずらっと並ぶ。

> ハイタッチをしながら、"Good bye!" "See you!"とあいさつをする。

子どもたちは楽しそうに、教室に帰って行く。
この「退場行進」を私は石川県の飯田清美氏から学んだ。音楽の時間のこの実践は本当に楽しい。英会話授業でも使える。
たとえ、教室で授業するときや担任が授業するときでも、入り口に担任が立ち、子どもとハイタッチをする。子どもは出口からまた教室に入ってくる、というようにすれば良い。授業の最後におすすめのパーツである。

（井戸砂織）

（1）ALTとのコミュニケーション

新法則化㊆　授業の後には、"Thank you!" と笑顔でお礼を言う

　ALTと良い関係を築くために、大切なことは、授業の後に必ずお礼を言うことである。

　ALTは、学校によって、常駐の場合もあれば、時々来る場合もある。ALTが中心になって授業を進めることもあれば、担任が主になって進めることもある。

　どんな形態であれ、ALTがいることで、子どもたちにより本格的な英語を学ばせたり、英語を話すための良い雰囲気を作ったりすることができる。

　ALTがいてくれて「ありがたい」という思いを大切にしたい。

　そして、その気持ちを言葉にして、きちんと伝えるようにする。

授業の後には、"Thank you!" と笑顔でお礼を言う。

　すると、ALTも最高の笑顔を返してくれる。ALTと一緒に職員室に戻ることもあれば、教室でお別れの場合もある。子どもに話しかけられて、ALTとゆっくり話せないこともある。

　そこで、授業が終わったら、すぐに伝えるとよい。子どもたちの目の前で教師がALTに話しかける場面を見せることは、コミュニケーションの良い手本にもなる。

　さらに、その日の授業の感想を伝えることもお薦めである。

"Today's game was very good! It was fun!"
（今日のゲームは良かったよ。おもしろかったね）

　などと声をかけることで、ALTとの関係もさらに良くなる。

（井戸恵美）

第5章 ALTとの授業の組み立て方

（2）TT指導のポイント
新法則化㊆　学級担任が中心になって授業を進めていく

　ALTとのティームティーチングの時間は、ALTに任せっきりにしない。
「ALTに任せたところ、活動の種類が少なく、1つの活動に時間をかけすぎて、子どもたちが飽きてしまった」
「ALTが一方的にしゃべりすぎて、子どもたちは何を言っているのか分からず、不安そうな顔をする」という先生の声を耳にする。
　楽しく、かつ子どもに力をつける授業にするためには、次のことが大切である。

学級担任が、「自分が中心になって進める！」という気概を持つ。

　担任中心に授業を進めていく理由は、担任が一番子どものことを理解しているからである。担任中心に進めていくと、次の良さがある。

良さ1　子どもの実態に合わせられる。

　子どもたちの状況に応じて、スモールステップや、変化のある繰り返しを取り入れて、無理なく英語を習得できるような授業を展開できる。また、苦手意識を持つ子や特別支援を要する子への配慮が十分にできる。

良さ2　子どもにピンポイントで活躍の場を与えられる。

　担任は、子どもたちが「何に興味を持っているのか」「何を家で飼っているのか」「何が得意なのか」などを把握している。だからこそ、ピンポイントで子どもを指名できる。「その答え、僕が言いたい」という思いに応えてあげられるのである。それがきっかけとなり、その子は、英語をもっと話したくなる。

(戸田恭子)

（2）TT指導のポイント
新法則化㊴　ALTの英語をできるだけたくさん聞かせる

　ネイティブスピーカーの英語をたくさん子どもたちに聞かせることは、大切なことである。そこで、ALTとのティームティーチングでは、子どもたちがネイティブの英語に触れる機会を増やすため、次のことを心がける。

> ALTの英語をできるだけたくさん聞かせる。

　そのために、ALTにお願いすることが3つある。

> お願い1　クラスルームイングリッシュをたくさん使ってもらう。

　自分が教室で使っている"Hello.""How are you?""Stand up.""Sit down.""Repeat.""Listen.""Look.""Be quiet.""Here you are.""Thank you.""You're welcome.""See you.""That's right.""Good.""O.K."などの表現をALTにも授業で使ってもらう。

> お願い2　簡単な英語とデモンストレーションで、説明してもらう。

　アクティビティやゲームのときに、日本語では説明せずに、簡単な英語とデモンストレーション（やってみせること）で、子どもたちがやり方やルールを理解できるよう、ALTにお願いする。

> お願い3　アクティビティで子どもに積極的に話しかけてもらう。

　アクティビティやゲームのとき、自分から話しかけず、立っているだけのALTもいる。アクティビティなどでは、ALTの方から積極的に子どもたちに話しかけてもらうようにする。子どもたちは、ALTと会話をすることで、「英語が通じた！」という思いを持つことができる。

　　　　　　　　　　　（戸田恭子）

第5章 ALTとの授業の組み立て方

（2）TT指導のポイント
新法則化⑩　ALTと会話をする場面をできるだけたくさん設定する

　子どもたちは、「自分の話した英語がALTに通じた」「ALTの言っている英語が理解できた」という成功体験を繰り返し得ることで、英語に対する抵抗感がなくなり、自信を持てるようになる。
　そこで、授業の中では、次のことを大切にしたい。

　子どもがALTと会話をする場面を多く用意する。

場面1　授業の始めにALTと子どもであいさつをする。

　私は、毎時間、ALTと子どもで"How are you?" "I'm fine (goodなど)."とあいさつをする活動で始めている。
　全体であいさつをした後、個別に数名、ALTとあいさつをする場面も作ると適度な緊張感が生まれると同時に、成功体験を与えられる。

場面2　クラスルームイングリッシュを使わせる。

　ALTがプリントを渡した時は"Thank you."、プリントの数を聞かれた時は、"Five (数), please." ALTに物を渡すときは、"Here you are."など、子どもたちにクラスルームイングリッシュを使わせる。

場面3　アクティビティやゲームの中で会話をする。

　アクティビティやゲームの中で、ALTと積極的に会話をさせたい。「誰かと話したら1点」、「異性と話したら5点」、「ALTと話したら10点」等とゲーム化すると、子どもたちはALTと会話をすることを意識するようになり、楽しく会話をする姿がたくさん見られるようになる。

（戸田恭子）

第6章　授業の実力を上げる方法

（1）サークルで練習する
新法則化㉛　サークルで教師修行を続ける

　英会話サークル TOSS Sunny（代表：井戸砂織氏）は教師修行の場である。主に、英会話の模擬授業を行っている。県外から車で2時間近くかけて参加するメンバーもいる。なぜか。

> 自分の上達が目に見えるからである。

　上達を実感できるには、理由がある。次の2点である。

> 1　「TOSS Sunny 英会話授業検定」システム
> 2　井戸砂織氏の介入、コメント

1　井戸砂織氏発案「TOSS Sunny 英会話授業検定」

「みんなが前に立って模擬授業ができるように」、「授業が上達するように」と井戸砂織氏が、画期的なシステムを作り出した。
　TOSS Sunny 英会話授業検定は、18秒程度〜1分程度の模擬授業の検定である。2014年1月現在、12個の授業が対象となっている。

1	フラッシュカード「2回→1回→0回」		
2	フラッシュカード1分バージョン		
3	Here you are.	4	世界のあいさつ
5	What flavor do you like?	6	Is this your bag?
7	What's this?	8	How are you?
9	フリートーク	10	五色英語かるた指導
11	輪郭英単語カード	12	フラッシュカード2分バージョン

　どこから挑戦しても良い。
　多くのメンバーは、フラッシュカードの「2回→1回→0回」を選ぶ。

第6章　授業の実力を上げる方法

TOSS英会話型マスター練習表 2014年1月4日更新			1	2	3	4	5	6	7	8	9	10	合格	井戸砂織サイン 2013.5.1
1	2回→1回→0回	フラッシュカード(dog cat pig cow horse)	16〜19秒	○	○	○	○	○	○	○	○	○	○	
2	フラッシュカード1分間バージョン	6パーツ	1分以内	○	○	○	○	○	○	○	○	○	○	
3	Here you are	ハンカチを見せて誰のものか尋ねる	25秒	○	○	○	○	○	○	○	○	○	○	
4	世界のあいさつ	世界地図と国旗のイラスト	30秒	○	○	○	○	○	○	○	○	○	○	
5	What flavor do you like?	アイスクリームのイラスト	55秒	○	○	○	○	○	○	○	○	○	○	
6	Is this your bag?	(フラッシュカード3枚と自分のものでないバック)	1分10秒	○	○	○	○	○	○	○	○	○	○	
7	What's this?	ダイアローグ練習(動物のフラッシュカード)	3分	○	○	○	○	○	○	○	○	○	○	
8	How are you?	フラッシュカード(fine cold hot hungry)の4枚	4分45秒	○	○	○	○	○	○	○	○	○	○	
9	フリートーク	両面のカード2枚	1分	○	○	○	○	○	○	○	○	○	○	
10	五色英語かるた指導	かるた5枚	2分40秒	○	○	○	○	○	○	○	○	○	○	
11	輪郭英単語カード	dog,cat monkeyの3枚のカード1回→0回	20秒	○	○	○	○	○	○	○	○	○	○	
12	フラッシュカード2分間バージョン	10パーツ	2分以内	○	○	○	○	○	○	○	○	○	○	

例会で、1回模擬授業をしたら、記録していく。

○を塗り、日付を書く。

井戸氏に見てもらい、合格が出たら、右端にサインをもらう。

井戸氏の「合格！」が何よりうれしい。自分の上達が分かるのもうれしい。

2　井戸砂織氏の介入・コメント

授業をしている途中で、介入されることもある。

その場で、代案を示してもらえるので、その場で直すことができる。

模擬授業をしているだけでは、自分の欠点に気づくことができない。

力のある人に見てもらうのが1番である。

　井戸氏の介入・コメントは、その人に何が必要か何が足りないかを瞬時に判断して伝え、改善させていく。メンバーの授業が劇的に変わっていく。

（木村理子）

（1）サークルで練習する
新法則化㉒ 「英会話授業検定」で授業力を上げる
～新人編～

　平成25年8月1日、TOSS Sunnyへの加入を認められた。Sunnyの加入のルールは、3回例会に参加すること。初めての見学が5月17日であるから、随分と迷ったものである。思い切ってやってみようという気持ちが私にはなかった。夏休みになり、ちょっと行ってみようかなと思ったのが加入につながった。

　それ以降、例会では英会話授業検定に挑戦することを心がけている。約20回の内、13回は参加し、その度に必ず1回は挑戦した。

　私の英会話授業検定の合格状況である。（平成25年12月27日現在）

"2回→1回→0回"	11月29日合格
"世界のあいさつ"	11月29日合格
"Here you are."	12月12日合格
"1分間フラッシュカード"	12月12日合格 → 27日46秒に。

TOSS Sunny 英会話授業検定への挑戦

　初めてサークルを見学に行ったのは、平成25年5月17日。初見学の私に、井戸氏が自ら、英語版単語練習フラッシュカードの稽古をつけてくれた。カードの持ち方すら分からず、正直戸惑ったが、井戸氏やサークル員のやり方を真似してやってみた。

「カードが前に出過ぎている」「真っ直ぐ立つ」「顔を動かし過ぎ」……

　声を発する前から次々に指摘が入る。しかし、それぞれの指摘が具体的なため、たいへん分かりやすく、納得がいく。その上、とても楽しい。その指摘通りに練習すると、少しずつではあるが徐々に上達していくのが自分でも分かる。そして良くなった所は笑顔でほめてくれる。

　まさに「井戸マジック！」「教えてほめる」である！

第6章 授業の実力を上げる方法

ポイント1　まずは、真似してやってみる

　上達の秘訣は、やはり真似してやってみることだ。分からなくてもいいから、まずやってみること。そして、型として身につくまで、何度も何度も練習し、指摘してもらうことが1番である。

【5月：初めての2回→1回→0回　19秒のフラッシュカード挑戦】

- ○　笑顔は良い。
- △　カードが傾いている。
- △　カードの位置が前過ぎる。
- △　姿勢が悪い。（特に下半身）
- △　目線が下がっている。
- △　声に張りがない。
- △　カードがめくれない。
- △　テンポが悪い。
- △　顔が動き過ぎる。

【12月：1分間フラッシュカードで46秒達成】

- ○　笑顔は良い。
- ○　カードが安定するようになった。
- ○　カードの位置は、顔が見える位置。
- ○　姿勢が良くなった。（下半身も含め）
- ○　目線が上がっている。
- ○　声に張りが出てきた。
- ○　カードがめくれるようになった。
- ○　テンポが良くなった。
- △　顔は動き過ぎないが、体が左右に動く。

　8月にサークルに正式加入して以降、検定で合格するために、ひいては授業力向上のために、自宅や車の中で何度も練習した。
　その練習方法が以下の通りである。

練習①　井戸氏の映像や音声で、リズムとテンポを体感する

　映像を携帯で撮ったり、CDに音声を取り込んだりして、いつでもどこでも井戸氏の声が聴けるようにする。

練習②　その映像や音声に自分の声を合わせ、練習する

練習③　家族の前や鏡の前で、姿勢やカードの見え方などを確認しながら練習する

練習④　ビデオで自分の姿を撮り、井戸氏の映像と比較する

　井戸氏との違いにショックを受けながらも、何度も繰り返す。

練習⑤　例会で検定に挑戦し、指摘してもらう

　上記のような練習を繰り返し、例会で何度も検定に挑戦する。

ポイント２　続けること

　そして、この修行を続けることが重要である。井戸氏は言う。「月に１、２回の例会への参加でも、やめないことが重要だ」と。
　私は最初、検定には全く合格できなかった。その上、学校の仕事を理由に、例会を欠席することも増えてしまった。しかし、続けていくことが力になることを実感している。なぜなら、私が合格することができるようになったのは、練習を続けて２、３カ月を過ぎたあたりからだからだ。練習回数にすると、やっと５０回程度。そのあたりから合格するようになり、少しずつ型が身についてきた。
「継続は力なり」。井戸氏の言う通りである。
　学校の中だけでは学べないことが、サークルでは学ぶことができる。しかも惜しげもなく教えてもらえる。
　第１歩を踏み出さなければ、何事も上達しないのだ。
　サークルに入って良かった。

（松原幸司）

第6章 授業の実力を上げる方法

（１）サークルで練習する
新法則化㊳ 「英会話授業検定」で授業力を上げる
〜30代編〜

　下の写真は、「TOSS英会話徹底マスターへの道」の表である。

　私の教師修業の跡が残されたものである。

　この表は、英会話サークルTOSS Sunnyの例会にサークルメンバーが目標をもって参加できるように井戸砂織氏が考え、水野彰子氏が作成したものである。

　私は2009年2月14日に挑戦を始めた。

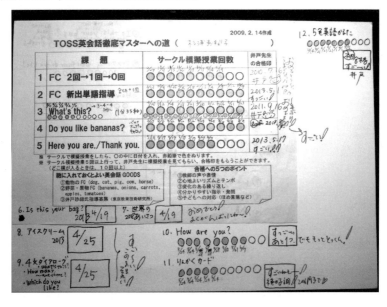

　途中、練習のパーツが12に増えた。

　私は、この12すべてを2013年8月9日に合格することができた。

　4年半かけて全て合格することができた。

　この教師修業を通し、私は次の2点を身につけることができた。

| 1 | 心地良いリズムとテンポ |
| 2 | TOSS型英会話指導の基本 |

1　心地良いリズムとテンポを身につける。

　この修業の開始が2009年2月14日。1年半かかってフラッシュカードの基本に合格している。
　フラッシュカードのめくり方、リズムの取り方、立ち方、目線、笑顔。すべてできなければ合格できない。家の鏡の前で練習するが、1人だとうまくできても、井戸氏の前になると足がふるえ、思うようにめくれず、笑顔もぎこちなく、何度も何度もくじけそうになったことを思い出す。練習量が圧倒的に足りなかった。井戸氏にはいつもこう声をかけてもらった。

100回練習するんだよ。何回練習してきた？

　この言葉で、「100回」の目標が生まれ、そして本当に100回を超えた頃、合格することができた。1人目の子どもを出産し、サークルにも思うように行けなかった。教師修業といえばこのフラッシュカードの練習だけであったが、あきらめなかった。

2　TOSS型英会話指導の型を身につける。

　2011年9月16日。最初のフラッシュカード合格から1年以上かかって、ようやく"What's this?"の授業を合格した。
　井戸氏の前で検定を受けた回数は、"What's this?"だけで、25回以上である。この頃は、TOSS型英会話の基本的な流れが全く身についていなかった。そのため、次に何をするのかが出てこず、何度も途中で止まってしまった。
　悔しかった。流れがすぐに出てくる他のサークル員に憧れた。あのようになりたいと思った。
　そこで、井戸氏の"What's this?"の授業の音声を携帯に録音し、通勤中、サークルへの行き帰り、家事の最中など、時間の許すかぎり音声を聞き続けた。その回数は100回を優に超えていると思う。そのうち、口をついて出てくるようになった。次に行ったことは、以下である。

第6章 授業の実力を上げる方法

> 井戸氏と全く同じリズム・テンポで発話する。

　井戸氏の音声と同じように発話できるようになってきた頃、What's this? を合格することができた。
　その後、2012年6月に2人目を出産した。1年近くサークルに行けない日々が続いた。同時期に出産した同じサークルメンバーと行う自宅サークルは半分以上の時間をこの「徹底マスター」の修業に費やした。
　2013年4月。ようやくサークルに行けるようになり、井戸氏に見てもらう機会を得た。そのときの衝撃は忘れられない。

> 自分の練習していたリズムとテンポが、井戸氏のものと全く違っていた

　我流が入っていたのだ。そのとき、井戸氏の元で、井戸氏を忠実に再現できるようになろう、と心に決めた。その日から、また井戸氏の音声を聞き、真似る日々が始まった。
　2013年5月1日の新出単語練習の合格を皮切りに、2013年8月9日、すべてのパーツに合格することができた。

　向山洋一氏が「繰り返し読み、手書きをするように」と薦める『天才がどんどん生まれてくる組織』（齋藤孝著　新潮選書）に出てくる言葉がある。

> 基本技の共有

　まさに、「TOSS英会話徹底マスターへの道」そのものではないかと考える。私は、井戸氏の音声をそのまま真似ることで、井戸氏の中にあるリズムとテンポを体験し、繰り返すことで、TOSS型英会話の基本を身につけることができた。
　「TOSS英会話徹底マスターへの道」の合格後、私の中にも変化があった。他の英会話授業を見ても、「状況設定なのか」「ダイアローグ練習のどこをやっているのか」が分かるようになった。そして、次にどんな活動が来るのか、予想できるようになった。井戸氏に「この後どんな活動をする？」と聞かれて、展開を考えられるようになった。
　1つの基本を身につければ、他の授業にも転用できるようになる。それを実感できたのが、「TOSS英会話徹底マスターへの道」であった。

（杉浦恵梨子）

（1）サークルで練習する

新法則化㉘ 英会話授業の教師修行はここから！
フラッシュカード「2回→1回→0回」19秒に挑戦する

　井戸砂織氏は、「英会話授業が上手くなりたいのですが、まず、どんな練習をすればよいですか」と聞かれることが多いという。

　その質問に対し、井戸氏は必ずこう答えるそうである。

「2回→1回→0回」で、19秒になる練習をする！

　井戸氏が代表を務める英会話サークルTOSS Sunnyでも、新しく入って来たメンバーには、まずこの練習を薦めている。

　最初、30秒以上かかっていたメンバーが、2回、3回と練習するうちに、カードのめくり方がスムーズになり、27秒、23秒と縮まっていく様子は素晴らしい。

　誰でも、正しい方向で教師修行をすれば力量は確実に上がっていくことがよく分かる。

「2回→1回→0回」で行う「フラッシュカードを使った単語練習」の流れは以下の通りである。

① フラッシュカードを構える
② 「先生が発話」「子どもが発話」を2回ずつ繰り返す（2回）
③ 「先生が発話」「子どもが発話」を1回ずつ繰り返す（1回）
④ 先生がカードの絵を見せ、子どもが発話する（0回）
⑤ ほめる "Very good!!"

　動物のカード（dog, cat, pig, cow, horse）を使った場合、リズムとテンポ良く練習を進めると、上の①〜⑤にかかる時間は「19秒」（5つの単語を扱う場合）である。これが目安である。

　子どもも教師も慣れてくれば、「16秒」が心地良い。
「19秒」で行うためには練習が必要である。

第6章 授業の実力を上げる方法

練習のポイントを4点示す。

ポイント1　鏡の前で練習する

（1）構える位置を確認する

構える位置は、顔の横である。カードと先生の口の動きが一度に良く見えるように、顔の横でカードを構える。

（2）笑顔の練習をする

表情はもちろん笑顔！
有名な教育実践家である有田和正氏や谷和樹氏も鏡の前で笑顔を練習したという。

（3）めくる練習をする

まずはゆっくりで良い。1番後ろのカードを真上からストン、と落とすように前に持ってくる。

慣れてきたら、カードを次、次とめくっていく。発話せずにめくるだけでいい。カードを見なくても、なめらかに、カードを持つ位置を固定したまま、めくることができるようになるまで練習する。

（4）単語を声に出しながら、めくる練習をする

最後に、実際の授業のように単語を発話しながら練習する。
「表情は笑顔のままか」「カードの位置は安定しているか」などを鏡でチェックする。

ポイント2　タイマーで時間を計る

タイマーで時間を計り、1人で実際に「2回→1回→0回」の流れでフラッシュカードを使った単語練習をやってみる。
第一声の例えば、"Dog."から計り始める。
私がやったときは次のようになった。

① フラッシュカードを構える
②「先生が発話」「子どもが発話」を2回ずつ繰り返す：9秒
③「先生が発話」「子どもが発話」を1回ずつ繰り返す：4秒
④ 先生がカードの絵を見せ、子どもが発話する：5秒
⑤ ほめる：1秒

　練習のときは向山型暗唱指導を応用する。ノートに○を10個書き、1回計るたびに赤鉛筆で○を1つ塗りつぶす。
　○の下（あるいは横）に計った時間を記録していく。このように「数値化」して記録していくと自分の成長が目に見えて分かる。

ポイント3　サークルなどで、人に見てもらう

　1人での練習から、一歩前進しよう。
　次は、サークル等に足を運び、自分の授業を人に見てもらおう。
　向山洋一氏は、次のように述べている。

サークルに入り、模擬授業をして、技量が高い人の批評をうける
（『向山洋一全集76 授業が上手になる"たった一つの条件"』向山洋一著　明治図書　122頁）

　私はサークルにおよそ1時間半かけて通う。わずか数分の参加になることもある。それでも「来てよかった」と思える学びにいつも出会う。
　サークルが終わる間際に参加し、模擬授業を見てもらう。
「Dog!」人に見られる緊張から開始2、3秒でもたつく。
「第一声が弱いよ」と井戸氏に指摘され、手本を見せてもらう。
　その場で何度も挑戦する。自分でも少しずつ進歩していくのが分かる。
「ほめ言葉が弱いね」とか「もっと笑顔で」と自分の弱点をどんどん指摘される。「そうそう、そんな感じ！　もっと練習して」と言われて終了。時間にしてわずか2分程度である。自分1人でやったのでは絶対に分からない。目からウロコが連続する2分間である。授業の技量が高い人に見てもらうからこそ、努力の方向が定まってくる。

(辻拓也)

第6章 授業の実力を上げる方法

> （2）完全追試で、英会話のリズムとテンポを身につける
> **新法則化㉟　ハンカチ1枚で"Here you are."の
> 　　　　　　授業30秒に挑戦する**

　隙間時間に英会話の授業をやろうと思ったとき、ハンカチ1枚があればできる授業がある。ダイアローグは以下である。

A：Here you are. B：Thank you.

　物を渡すときの会話である。授業の流れを紹介する。井戸砂織氏の追試である。

（1）ハンカチを見せる

T（教師）：What's this?	
C（子ども）：Handkerchief.	
T：That's right. handkerchief	C：handkerchief
T：handkerchief	C：handkerchief

（2）ハンカチの持ち主を捜す

T：（拾ったハンカチに名前が書いていないか探す。書いていないので、持ち主を捜す）Your handkerchief? C：No. T：Your handkerchief? C：No. T：Your handkerchief? C：No. T：Your handkerchief? C：Yes! T：Here you are. C：Thank you.

（3）Thank you. の練習をする

T：Thank you.	C：Thank you.
T：Thank you.	C：Thank you.
T：（受け取るジェスチャーをつけ）Thank you.	
C：Thank you.	
T：Thank you.	C：Thank you.
T：（1人に渡すふりをし）Here you are.	
C：Thank you.	
T：Here you are.	C：Thank you.
T：Here you are.	C：Thank you.
T：Very good!	

授業のポイントは、2つある。

ポイント1　「誰のだろう？」という表情としぐさを堂々とやる

恥ずかしがらず、慌てず、堂々と演じることが大切である。

ポイント2　リズムとテンポを崩さない

何度も口に出して、言ってみることで、流れを覚える。

次に、動作をつけてやってみる。

さらに、時間を計って挑戦！　最初の"What's this?"から最後の"Very good!"までで約30秒である。（井戸氏は25秒だった！）

（堂前貴美子）

第6章 授業の実力を上げる方法

（2）完全追試で、英会話のリズムとテンポを身につける
新法則化⑱ 「世界のあいさつ」の授業30秒に挑戦する

「世界のあいさつ」は、「Hi, fiends!」にも最初に出てくる内容である。井戸氏は、この授業を1枚の世界地図を使って授業をしている。

また、そのうち最初の30秒をリズムとテンポを身につける教師修業用として、提案している。

以下、□で囲んだ部分をすべてやると約30秒である。

ぜひ、挑戦していただきたい。

【準備物】
世界地図（地図に国旗をつけた）

【本時の単語・ダイアローグ】

①単語（Japan, America, China, Kenya）
②世界のあいさつ（こんにちは, Hello, ニーハオ, Jumbo）

【指導の流れ】
1　単語練習をする

世界地図を指さしながら、単語練習をする。

（1）教師に続いて2回ずつ復唱する

（中国やケニアなど、言えそうな子がいる地名では黙って指を指し、早く言えた子をほめると、勢いが出てくる）

T（教師）：Japan	C（子ども）：Japan
T：Japan	C：Japan
T：America	C：America
T：America	C：America
T：（中国を黙って指差す）	C：China!
T：That's right!　China	C：China
T：China	C：China
T：Kenya	C：Kenya
T：Kenya	C：Kenya

（2）子どもだけで発話する

教師が世界地図のそれぞれの国を指で指し、子どもが答える。

C：Japan, America, China, Kenya.　T：Very good!

2　あいさつの練習をする

教師が世界地図のそれぞれの国を指で指し、リピートする。

T：In Japan, こんにちは．	
（手を挙げて、あいさつをしている身振りをする）	
こんにちは！	C：こんにちは！
T：こんにちは！	C：こんにちは！
T：In America.	C：Hello!
T：（早く発話した子を見て）Good! Hello!	C：Hello!
T：Hello!	C：Hello!
T：In China.	C：ニーハオ
T：Good! ニーハオ	C：ニーハオ
T：ニーハオ	C：ニーハオ
T：In Kenya.	C：Jumbo!
T：Very good! Jumbo!	C：Jumbo!
T：Jumbo!	C：Jumbo!

（杉浦恵梨子）

（2）完全追試で、英会話のリズムとテンポを身につける

新法則化(87)　“What flavor do you like?”の授業50秒に挑戦する

どの味のアイスクリームが好き？　身近な食べ物について尋ねあえる、楽しいダイアローグである。この尋ね方ができるようになれば、「お寿司」や「ハンバーガー」など、他の食べ物にも応用でき、会話が広がる。

【準備物】

アイスクリームの画像（A3判に印刷して使用する）

A

B

初めはAの画像をA3判にプリントしたものを見せる。Aのアイスクリーム画像は5つのアイスクリームから選んで発話するので、扱いやすい。ダイアローグに慣れてきたら、Bの画像も見せて、たくさんのものから選べるようにすると、盛り上がる。

【本時の単語・ダイアローグ】

① 単語（vanilla, orange, chocolate, strawberry）
② A : What flavor do you like?　B : I like ～ .

【指導の流れ】
1 単語練習をする（vanilla, orange, chocolate, strawberry）
2 状況設定をする
3 ダイアローグの口頭練習をする
4 アクティビティをする

1 単語練習をする

A3判のアイスクリーム画像をちらっと見せて、興味をもたせる。

T（教師）: What's this?
紙を大きく上下に動かし、アイスクリームの画像が少しだけ見えるようにする。
C（子ども）: Ice cream.
T : That's right! ice cream　　C : ice cream
T : ice cream　　　　　　　　C : ice cream

教師に続いて1回ずつ復唱する。簡単な単語なので、2回復唱はしない。

T : vanilla　　　C : vanilla
T : orange　　　C : orange
T : chocolate　　C : chocolate
（黙って抹茶のアイスクリームを指さす）
C : Matcha　　T : That's right! matcha　　C : matcha
T : strawberry　C : strawberry

2 状況設定をする
（1）私は抹茶味のアイスクリームが大好きだということを、身振りと表情で表現する

T : I like matcha! Everyone, what flavor do you like?

第6章　授業の実力を上げる方法

第6章 授業の実力を上げる方法

(2) 言いたそうにしている子を見つけて、A3判のアイスクリーム画像を見せながら、問いかける

> T : Oh, stand up, what flavor do you like?
> C : I like vanilla.
> T : Oh, vanilla, very good!
> 同様に、あと2人に尋ねる。
> T : Shoko, what flavor do you like?
> C : I like matcha.
> T : Oh, me too. Very good!
> T : What flavor do you like?
> C : I like strawberry.
> T : Strawberry. Very good!

子どもの答えに興味をもって聞く。教師の好みと子どもの好みが同じ場合は"Me, too."などというと会話をしている雰囲気になる。

3 ダイアローグの口頭練習をする
(1) 答え方の練習をする
全体で、1回ずつ練習する。

T : I like vanilla.	C : I like vanilla.
T : I like orange.	C : I like orange.
T : I like chocolate.	C : I like chocolate.
T : I like matcha.	C : I like matcha.

1人ずつ練習する。

> T : One, two, three, stand up.　One by one.
> 　　What flavor do you like?
> C : I like vanilla.
> T : O.K. Very good!

258

```
    What flavor do you like?
C : I like strawberry.
T : Very good!
    What flavor do you like?
C : I like matcha.
T : Oh, me too. Smile very good!
```

　ここまでで約50秒である。ここまでを繰り返し練習し、50秒でできるようになるよう、練習する。

　できるようになったら、以下の後半も練習しよう。

(2) 尋ね方の練習をする
①教師に続いて繰り返す

```
T : Repeat! what      C : what       T : what       C : what
T : flavor            C : flavor     T : flavor     C : flavor
T : do you like                      C : do you like
T : do you like                      C : do you like
T : What flavor do you like?         C : What flavor do you like?
T : What flavor do you like?         C : What flavor do you like?
```

　リズムよく、区切って発話することで、ダイアローグの定着を図る。

②男女に分かれて、教師に続いて繰り返す

```
T : Boys, boys, stand up!
    What flavor do you like?   Boys : What flavor do you like?
T : What flavor do you like?   Boys : What flavor do you like?
T : Big voice, very good!
この後、女子も立たせて、同様に練習する。
```

第6章　授業の実力を上げる方法

第6章 授業の実力を上げる方法

③子どもが尋ねて、教師が答える練習をする

T : Ask me.
C : What flavor do you like?
T : I like matcha.

④1人とその他の子ども全員で練習する

　1列指名する。指名された子どもは、全員に尋ねる。

T : Every one ask her.
C : What flavor do you like?
C₁ : I like orange.
T : Very good!
　（手で指しながら）One, two.
C : What flavor do you like?
C₂ : I like vanilla.
T : O.K. Very good!
　（手で指しながら）One, two.
C : What flavor do you like?
T : O.K. Stop. Everyone guess, "(子どもの名前)" What flavor....
C : vanilla!　C : matcha!　C : strawberry!　C : vanilla!
T : O.K. Everyone, ask her.
C : What flavor do you like?
C₃ : I like strawberry!
T & C : Oh!　T : Very good!

　1人ずつ順番に聞いていくだけでも良いが、上のように何が好きか考え、予想する時間を取るとより一層盛り上がる。

4　アクティビティをする
(1) デモンストレーションを行う
① 教師が歩いて行き、やりたそうな子、上手な子に声をかける

T : Walk! Hello!
C : Hello!

T：じゃ～ん！（もう１枚のアイスクリームの写真を見せる）
　What's this?
新出単語が出てくるので、最初の単語練習のように、A3判の紙のイラストを指さしながらリピートさせ、単語練習をする。
C：lemon.
T：lemon　　　C：lemon　　　T：lemon　　　C：lemon
T：adzuki　　C：adzuki　　T：adzuki　　C：adzuki
T：chocolate mint　　　　C：chocolate mint
T：chocolate mint　　　　C：chocolate mint
T：rum raisins　C：rum raisins　T：rum raisins　C：rum raisins
T：これは？　　C：chocolate chips!
T：chocolate chips!
T：caramel　　C：caramel
T：cheese strawberry.　　　C：cheese strawberry
T：Oh, Hello.　C：Hello!
T：What flavor do you like? Anything O.K.
C：I like chocolate mint.
T：Oh, ask me.
C：What flavor do you like?　　T：I like matcha. Bye.
同様に、もう１人と会話するデモンストレーションをする。
T：Oh, Hello.　C：Hello!
T：What flavor do you like?
C：I like vanilla. What flavor do you like?
T：I like matcha and rum raisins. Bye.

②全てのやり取りが終わったら、座ることを指示する

T：One, two, three. Ask three friends, and sit down please.
　Ready? Go!（アクティビティをする）
T：Three, two, one, zero. Go back to your seat.

（杉浦恵梨子）

第6章 授業の実力を上げる方法

(3) TOSS型英会話ってなあに？

新法則化㊽　基本文献を読もう

　TOSS型英会話は、英語を聴き話す力をつけ、英会話を通してコミュニケーションをする力を育成することを目指している。そのために、英文を読んだり、英語を書いたり、意味を日本語に訳したりするのではなく、「英語を聴かせ真似させ、話させる指導」を基本とする。
　TOSS型英会話の理論を学ぶための必読書がある。
　向山浩子氏が書いた以下の4冊である。

① TOSS型英会話指導の基本
② 子どもが話せるTOSS型英会話指導
③ TOSS英会話指導はなぜ伝統的英語教育から離れたか
④ 子どもが英語を好きになる指導の究明

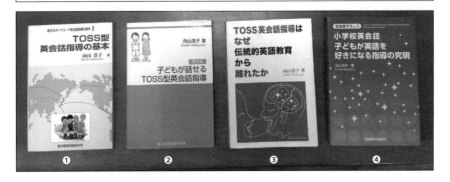

① **TOSS型英会話指導の基本**
　TOSS型英会話の基本を学ぶための入門書である。
　「小学校でのTOSS型英会話指導の目的と内容」「TOSS型英会話指導の方法」といった基本論が書かれている。
　また、TOSS型英会話指導のための教材・教具の開発の考え方ついても書かれている。現在、TOSS型英会話指導では、様々な教材・教具が開発されているが、原点は、本書にあると言ってよい。

② 子どもが話せるTOSS型英会話指導

　本書では、脳科学の視点から、子どもが英語を話せるようになる道筋が分かりやすくまとめられている。
「英会話発話学習の繰り返しで脳が英会話神経回路網を作ると話せる」では、TOSS型英会話が進めている会話の状況を設定し、繰り返し問答発話活動で習熟させていく指導の有効性が述べられている。

③ TOSS英会話指導はなぜ伝統的英語教育から離れたか

　これまでに日本が進めてきた英語教育では、なぜ英語が話せるようにならないのか、「脳の発達の進化過程におけることばの獲得」を根拠として、分かりやすく書かれている。ことばの獲得の道筋は、ぜひ知っておきたい理論である。

④ 子どもが英語を好きになる指導の究明

　向山浩子氏による「英語ノート」の分析は、実際に英語ノートを使って指導をする教師には、必読である。
「英語ノート」の問題点を明確に示し、代案が提示されている。つまり、TOSS型英会話流の「英語ノート」が提案されているのである。指導計画づくりの大きなヒントになる。

　以上のように、TOSS型英会話の指導の理念や指導の在り方が、分かりやすくまとめられている。
　脳科学を基にした理論により組み立てられた指導の在り方など、説得力のある論文が目白押しである。
　①②③は、本書の発刊予定日現在、絶版のため購入できない。今後、復刊の予定。サークルの先輩教師に借りるなどして、ぜひ読んでいただきたい。
　④は、発売中である。
　取り扱いは、東京教育技術研究所 03-3787-6564 である。
　4冊を繰り返し読むことで、よりよい英会話指導の在り方を学んでいただきたい。

(小井戸政宏)

第7章 だれでもできる英会話授業の実践

(1) 英会話フラッシュカード
新法則化�89 英会話フラッシュカードってなあに？

読むだけでダイアローグが分かる！「英会話フラッシュカード」

正進社フラッシュカード
「英会話基礎編1」
「英会話基礎編2」
発行　2014年6月
販売　正進社
価格　1・2ともに
　　　各5000円

　通常のフラッシュカードは、先生がカードを次々とめくり、そのカードに書かれた単語を声に出して覚えていくという使い方が多い。英会話フラッシュカードは、単語に加え、ダイアローグも学ぶことができる。カードをめくり、カードの裏に書かれている英語を読んでいくだけで、子どもたちが自然と会話の意味を理解し、楽しみながら英会話を学ぶことができる教材である。フラッシュカードのラインナップは次の通りである。

	英会話基本編1		英会話基本編2
1	How are you?	1	Can you jump?
2	How many apples?	2	What do you want to eat?
3	Do you like bananas?	3	What's wrong?
4	What's this?	4	Whose pencil is this?
5	Which do you like?	5	Where do you want to go?
6	Do you have a handkerchief?	6	What do you want to be?

「英会話基礎編1」から"How are you?"のダイアローグを紹介する。

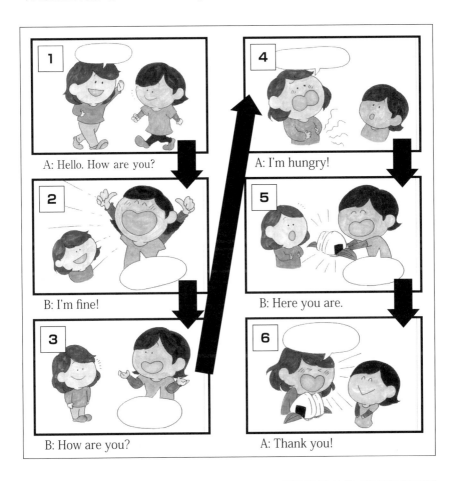

英語で会話している状況が、直感で理解できるようなイラストで描かれている。

そのため、英語が苦手な子どもも楽しく授業を受けることができる。

教室後方からもよく分かるようにカードは全てA4サイズである。

（原田雄大）

第7章 だれでもできる英会話授業の実践

> （1）英会話フラッシュカード
> **新法則化⑨ 英会話フラッシュカードの使い方**

　使い方はとってもシンプルで簡単。カードをめくるだけで、英会話練習をすることができる。中学1年生 "How many" の導入は以下のように行う。

【準備物】

状況設定フラッシュカード "How many apples?" 6枚

1　単語練習をする（1回→0回）

①T（教師）：one apple	C（子ども）：one apple
T：two apples	C：two apples
T：three apples	C：three apples
T：four apples	C：four apples
T：five apples	C：five apples
T：six apples	C：six apples
（この後、教師は絵を指指しながら、子どもだけで言わせる）	

　始めは、6つのイラストが描かれたカードを提示し、1回ずつリピートをさせる。この際、子どもが声を出して発音できているかどうかをチェックする。子どもが言いにくい単語はあえてゆっくり教師が発音することもありえる。子どもの実態に合わせて、臨機応変に対応したい。子どもだけで単語を言わせる「0回」のときは、教師も子どもの声にかぶせ、言うことにより、音声と視覚から進行を補助することができる。ここまで終了したら、1枚目のカードを束から外す。

2　ダイアローグのタイトルを提示する

T：Today's dialogue is "How many apples?"

　2枚目はタイトルとイラストが一緒になったカードを使う。教師はタイトルを言う。この際、今から始まることがわくわくするような言い方で行うと良い。タイトルを言い終わったら、2枚目のカードも束から外す。

3　状況設定をする

　2人の女の子が籠に入れているリンゴの数をお互いに尋ね合う場面である。

T : How many apples?
Six apples.
How many apples?
Ten apples.

　ここは読み聞かせの場面である。テンポよく、表現豊かに聞かせたい。教師の演技力が試される場面である。

4　ダイアローグ練習（2回→1回→0回）

T : How many apples?	C : How many apples?
T : How many apples?	C : How many apples?
T : Six apples.	C : Six apples.
T : Six apples.	C : Six apples.
T : How many apples?	C : How many apples?
T : How many apples?	C : How many apples?
T : Ten apples.	C : Ten apples.
T : Ten apples.	C : Ten apples.

　ここでは一定のテンポで繰り返し口頭練習を行う場面である。子どもの実態に合わせ、テンポを変えると良い。

5　ダイアローグ口頭練習をする

　2名の生徒を指名し、(1)の流れを1人の子どもと、(2)の流れをもう1人の子どもと行う。

　(1) 教師が尋ね、子どもが答える

T : How many apples?	C : Six apples.
T : How many apples?	C : Ten apples.

　(2) 子どもが尋ね、教師が答える

C : How many apples?	T : Six apples.
C : How many apples?	T : Ten apples.

　(1)と(2)との間で、役割交代を伝えるために"Switch"と言う。この紙面には文字で表していないが、パーツごとの隙間に、"Very good!"や"Good!"などの短いほめ言葉を入れると良い。声をいかに出させるかが大事である。声が出ていないならば、すぐに最初に戻ってもう一度行うこともあり得る。声を出させ、意味ある活動にしたい。

（南聖一）

第7章 だれでもできる英会話授業の実践

（1）英会話フラッシュカード
新法則化㉛ フラッシュカードの修行法

英会話フラッシュカードの修行を行うことで、TOSS型英会話の基本的な型を身につけることができる。

修行の最大のポイント。それは、次の点である。

明確な練習システムで、型を身につける

練習システムのポイントは、主に次の3点である。

ポイント1　目標タイムは1分間！

英会話フラッシュカードの修業は、わずか1分間で行うことができる。なぜなら、初級編の目標が、1分間を切ることだからである。とは言え、この1分間には、TOSS型英会話の型が数多くつまっている。

"What do you want to be?" の場合
① 単語の練習（2回→0回）
T : soccer player　C : soccer player　T : soccer player　C : soccer player
② 状況設定を確認する
A : What do you want to be?　　　B : I want to be a soccer player.
B : What do you want to be?　　　A : I want to be a teacher.
③ リピート練習（2回→1回→0回）
T : What do you want to be?　　　C : What do you want to be?
T : What do you want to be?　　　C : What do you want to be?
T : I want to be a soccer player.　C : I want to be a soccer player.
T : I want to be a soccer player.　C : I want to be a soccer player.
④ Aパート、Bパートに分かれて練習
⑤ One by one（2人）

上記の内容を1分程度でこなせるスピードは、速いように感じるかもしれないが、子どもにとっては心地よいスピードである。この心地よいスピードを身につけるためにも、目標タイムを1分間と限定することが上達への必須条件である。

| ポイント２　一目でやる気が出る練習表！ |

　井戸砂織氏考案のフラッシュカード練習表。１０個の練習回数用の○と、合格用の○があるだけの、シンプルなものである。しかし、この練習表があることで、何度も練習しようという気になるのだ。

　合格が増え、○が次々に塗られていくと、やる気が出る。さらに、合格するとサインがもらえる。

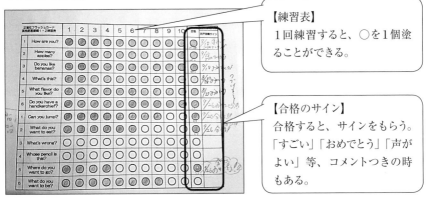

【練習表】
１回練習すると、○を１個塗ることができる。

【合格のサイン】
合格すると、サインをもらう。「すごい」「おめでとう」「声がよい」等、コメントつきの時もある。

　ストップウォッチとともに、修業には欠かせないものの１つである。これらがあれば、自宅で何度も練習することができる。

| ポイント３　サークルでの模擬授業！ |

　サークルで行う模擬授業ほど、力がつく修業法はない。家で練習し、サークルで何度も前に立ち、井戸氏のようにやってみる。挑戦→練習→挑戦→練習のくり返しである。そして、型を身につけるのと同時に、リズム・テンポを体感し、真似をしてやってみる。初めは１分１０秒台だったとしても、繰り返すことで１分になっていくのだ。

　１分を切るには、わずかな間が結果を左右する。型を身につけると、そのわずかな間やリズムの乱れが、自分で分かるようになる。そのわずかな間を埋めるために、また練習するのである。しかし、一度型を身につけられれば、その型を応用して一気に合格することも可能となる。この修業が、学校での実際の授業に活きてくる。

（松原幸司）

第7章 だれでもできる英会話授業の実践

（1）英会話フラッシュカード
新法則化㉜　状況設定フラッシュカード教室実践記
　　　　　　　　　　　　　　　（小学校編）

　状況設定フラッシュカードの登場は、これまでの外国語活動指導法を劇的に変えたと言ってよい。なぜなら、「短時間で」「分かりやすく」「誰でも」指導できるからである。販売から5か月ではあるが、すでに同じ学年の先生も授業で使い、隣の学校の先生も公費で購入された。

　この革新的な状況設定フラッシュカードを、私は次のように教室で使っている。

```
1  単語練習をする
2  状況設定をする（めくりながら教師が発話する）
3  2回→1回→0回
4  変化をつけて練習する
```

1　単語練習をする（2回→1回→0回）

T（教師）：one apple
C（子ども）：one apple
T：two apples
C：two apples
T：three apples
C：three apples
T：four apples
C：four apples
（five apples, six apples も同様に行う。）

①表

②裏

three (apples)	two (apples)	one (apple)
six (apples)	five (apples)	four (apples)

　初めて教室で使った時はすごく自信がなかった。使い方をほとんど練習していなかったからである。しかし、実際は最初の単語練習からとてもやりやすかった。なぜなら、裏面に英語が書いてあるからだ。それを見ながら発話するので迷うこともなかった。

2 状況設定をする（めくりながら教師が発話する）

T： ③ How many apples?
　　④ Six apples.
　　⑤ How many apples?
　　⑥ Ten apples.

　状況設定フラッシュカードを初めて使った時、子どもたちが誰一人目をそらすことがなかったのがこのパーツである。紙芝居のように、発話しながら見せていくだけなのだが、どんどん前のめりになっていくのが分かった。
　何と言ってもイラストが分かりやすい。さらに吹き出しがあることで、会話の内容を無意識のうちに想像しているのである。

3 2回→1回→0回
　状況設定後，上記の③〜⑥を2回→1回→0回でリピート練習させる。ここで大切なのはフラッシュカードのめくり方である。発話はリズムを崩さずにできるが、めくり方はそうはいかない。上手くしないと、イラストと発話があっていない状況で子どもたちが発話練習することになる。そのような事態に陥らないように、授業の前には少しでもカードをめくる練習をしていた方がよい。

4 変化をつけて練習する
　この段階まできたら、後は「変化のある口頭ダイアローグ練習」をお薦めする。教師が尋ねて子どもが答えたり、子どもが尋ねて教師が答えたり、子ども一人が尋ねて、子ども一人が答えたりするなど、クラスの実態に応じた練習を取り入れると、子どもたちの意欲はさらに増していく。
　また、この段階でも前述した「フラッシュカードのめくり方」は大事にしたい。めくり方が上手くいかないと授業全体が滞るからである。
　状況設定フラッシュカードは全部で12種類ある。慣れてきたらスピードを上げても子どもたちはついてくる。大切なのは、リズムとテンポで巻き込むこと。そのためには、発話とめくり方が丁度よいかなどを同学年の先生やサークルの仲間から見てもらうとよい。

（笹原大輔）

第7章 だれでもできる英会話授業の実践

（1）英会話フラッシュカード
新法則化⑨ フラッシュカード実践記（中学校編）

誰でも同じように英会話指導ができる教材「英会話フラッシュカード」である。小学生に向けて作られた教材だが、ダイアローグに合った工夫を入れることで、中学生が夢中になって活動するようになる。

1つの指導手順を紹介する。

```
1  単語練習を行う
2  ダイアローグの口頭練習を行う
3  個人指名を行う
4  アクティビティを行う
```

1　単語練習

単語練習はアイスクリーム。中学生であっても、教師が楽しそうに単語練習を行うと雰囲気が明るくなる。

```
T（教師）: vanilla        C（子ども）: vanilla
T: strawberry            C: strawberry
T: chocolate             C: chocolate
T: ....（抹茶を指さして）  C: matcha
T: That's right.         T: matcha    C: matcha
T:（フラッシュカードを次々に指さして）  C: vanilla    C: strawberry
C: chocolate             C: matcha    T: Very good!!
```

2　ダイアローグの口頭練習を行う

英会話フラッシュカードに付属している使い方の通り「2回→1回→0回」から「役割交替練習」までテンポよく行う。

3 個人指名を行う

生徒がダイアローグできているか個人指名で確認する。

個人指名のときは、生徒が正しく言えたときに心からほめることが大切である。また、言えない生徒がいたときは、すぐに教えてあげて良い。

"Here you are." と "Thank you." のダイアローグもついてくるので、アイスクリームを手渡すジェスチャーをつけると楽しくなる。

4 アクティビティを行う

私の実践では状況設定フラッシュカードについてくる、右のカード（寿司とハンバーガー）を用いて行った。

やんちゃ君を1人前に出して、アクティビティの説明をデモンストレーションで行った。

（1）Which do you like?
（2）I like sushi.
（3）Here you are.（寿司を握り、手渡すジェスチャーをする）
（4）Thank you.（寿司を受け取り、食べるジェスチャーをする）

3人と話したら座るよう指示を出し、おもしろい生徒を見つけておく。アクティビティが終了したところで、生徒を指名し教室の前でジェスチャーつきのダイアローグを発表させた。その後、指名無し発表を行うと、次々に生徒が前に出てきた。

当然、教室は興奮に包まれる。

このアクティビティと発表を繰り返すことで、中学生のダイナミックなスキット発表につなげていくことができると感じた。

"Which do you like?" 以外にも、10個の状況設定フラッシュカードを中学校で実践した。10個すべてが分かりやすく、生徒に疑問の表情が浮かぶことは1度もなかった。

状況設定フラッシュカードは、状況設定とダイアローグの練習方法が確定している。そのため、教材研究はアクティビティの工夫に集中するだけで良いのも教材の優れている点であると感じた。

（三原好太）

第7章 だれでもできる英会話授業の実践

（1）英会話フラッシュカード
新法則化⑭　英会話フラッシュカードを使ったシステム作り

　英会話フラッシュカードは、新出ダイアローグの指導だけではなく、予習、復習に活用することができる。英会話フラッシュカードは、一単位時間の様々な場面で活用できる教具なのである。
　英会話フラッシュカードの授業の冒頭、中盤、終盤の3つの場面における活用の仕方を紹介する。

1　授業の冒頭での活用

既習ダイアローグの定着

　ダイアローグの定着には、復習が欠かせない。ただし、長々とやる必要はない。短く何度も行うことが大切である。
　授業の冒頭に5分程度の復習の時間を設定するだけで、ダイアローグの定着を図ることができる。

（1）教師対子どもの復習

　英会話フラッシュカードの単語だけが描かれたカードを活用する。例えば、「英会話基本編1」の「What's this?」では、次のようになる。

```
T（教師）：（けん玉を指して）Everyone!  What's this?
C（子ども）：It's a kendama!
T：That's right!  It's a kendama!　　C：It's a kendama!（2回復唱）
T：（竹とんぼを指して）What's this?
C：It's a taketombo!
T：That's right!  It's a taketombo!　　C：It's a taketombo!（2回復唱）
```

このように教師が、イラストを指して、発音をして、子どもたちに答えさせるだけで、復習になる。

（2）子ども対子どもの復習

　子ども同士の会話による復習もできる"What's this?"ならジェスチャーを使った会話が楽しい。

教師と1人の子どもで例示をする。
T：（猫の真似をして）What's this?
C：It's a manekineko.
T：That's right!
C：（竹とんぼをしている真似をして）What's this?
T：It's a taketombo.
C：That's right!
T：Let's talk with three persons! Ready, go!
（3人の友だちと会話をする）
C₁：（まねき猫の真似をして）What's this?
C₂：It's a manekineko.
C₂：（竹とんぼをしている真似をして）What's this?
C₁：It's a taketombo. （以下省略）

　3人との会話が終わったら、代表者2人を前に出して、発表させてもよい。ジェスチャーが上手で元気な子を前に出すと大変盛り上がる。

2　授業の中盤での活用

「三構成法」によるダイアローグの口頭練習

　授業の中盤では、「三構成法」（91頁参照）による新出ダイアローグ指導の場面でフラッシュカードを活用するとよい。ここでは、「英会話基本編1」の"How are you?"を取り上げる。

（1）単語練習（fine, hot, cold, hungry）

　教師がイラストを指しながら「2回→1回→0回」で練習する。

第7章　だれでもできる英会話授業の実践

第7章 だれでもできる英会話授業の実践

定着を図るために、男子だけ、女子だけ、ジェスチャーをつけながら等、変化をつけての練習をしてもよい。

（2）ダイアローグの口頭繰り返し練習

まずは、教師による状況設定を行う。フラッシュカードをめくりながらカードの裏に書いてあるダイアローグを楽しそうに教師が再現する。

A : How are you?
B : I'm fine.
A : How are you?
B : I'm hungry.

　この後、再度、子どもとのやり取りをしながら状況設定をするパターンもある。ここでは、単語練習で用いたカードを提示する。

T : I'm fine.
　　Everyone! How are you?　How are you?
　　○○さん、Stand up!　How are you?
C : I'm hungry.
T : You're hungry! Very good!
　　Everyone! How are you?
　　○○くん、Stand up!　How are you?
C : I'm hot.　T : Good!

　ここから先は、「答え方の練習」「尋ね方の練習」と続く。詳しくは「新法則化㊷ How are you ?／ I'm fine.を、フラッシュカードだけで楽しく教える」（117頁）を参照されたい。

（3）アクティビティ

「3人の友だちと会話をしたら席に戻る」「仲間集めゲーム」等を行う。

3　授業の終盤での活用

新出単語練習

　授業の終盤では、次の時間に取り上げるダイアローグで用いる新出単語の練習をする。事前に単語練習をしておくことで、ダイアローグの練習に専念することができる。
「英会話基本編1」の"How are you?"に収録されている右のカードを使用したときのパターンを紹介する。

"I'm"を付けて「2回→1回→0回」→「ジェスチャーをつけて言う」→「バトル」と進める。
「バトル」は、2人の子どもを指名して、教師が指したイラストの答えを早く答えたら勝ちという子どもたちに大変人気があるゲームである。

T : Any challengers?　AくんB、くん、Stand up!（2名を指名する）
T : Battle!（教師がイラストを指す）
A : I'm not good.
T : That's right!　Aくん、1 point!
　　（別のイラストを指す）
B : I'm sleepy!
T : That's right!　Bくん、1 point!
　　（別のイラストを指す）
A : I'm not good.
T : That's right!　Aくん、1 point!
T : Aくん、2points.　Bくん、1point.
　　Aくん、Winner!

「バトル」を授業の終盤に行うことで、楽しい雰囲気で授業を終えることができる。

（小井戸政宏）

第7章 だれでもできる英会話授業の実践

（2）わくわく復習シート
新法則化⑮　わくわく復習シートってなあに？

　わくわく復習シートとは、井戸砂織氏が考案した「既習ダイアローグを楽しく、熱中する形で定着させるための復習用ワークシート」である。ワークシートのイラストは、ダイアローグに合わせて、神谷優美氏が描いたものである。
　わくわく復習シートのメリットは次のとおりである。

メリット１　とにかく楽しく、熱中できる！

　このわくわく復習シートは、B4サイズ１枚のワークシートの中に、既習事項が分かりやすいイラストで描かれている。子どもたちは、イラストを見ながら、自分のペースでどんどん英語を話すことができる。また、ワークシートをもとに、教師と子どもで対話できたら「合格！」とすることで、子どもは合格を目指して熱中して話すようになる。

メリット２　１枚で複数のダイアローグを復習できる

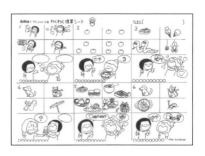

　わくわく復習シートが１枚あれば、複数のダイアローグを一度に復習できる。
　さらに、シートを見れば、これまで学習した内容を一目で振り返ることができる。子ども１人で復習する際にも便利である。
　右のようにイラスト下の〇10個を、練習したら１個ずつ塗りつぶすように決めておくと、努力が目に見える形で復習できる。

メリット３　英語で話す力がついたことが明確に分かる

　シートを見ながら教師と対話することで、教師は、子どもの力を確実に把握する

ことができる。尋ねたり答えたりできたら、教師がシートに「合格」のサインや押印をする。すると、シートを見れば、だれがどの程度話せるようになったか一目瞭然となる。

わくわく復習シートの例

What〜do you like?

尋ねるカテゴリーが10種類描かれている復習シート。話題を選択する楽しみがある。

自己紹介シート

自己紹介をする場面で使えるようにしたい表現が、16種類描かれている。

Hi, friends!対応シート

文部科学省発行の外国語活動教材『Hi, friends!』のダイアローグに対応した復習シート。1枚で1年分が集約されている。

フラッシュカード対応シート

正進社のフラッシュカードに対応したシート。フラッシュカードと併せて使うと、より一層効果的である。

（岩井友紀）

（2）わくわく復習シート

新法則化(96)　わくわく復習シートの使い方

わくわく復習シートを活用する際のポイントや基本的な使い方を知った上で実践することが、学習の効果を一層高めることにつながる。

わくわく復習シートを活用する際、次のことが前提となる。

わくわく復習シートに記されているダイアローグが、ある程度すらすら言えるようになった状態で使う。

話せない状態のまま、わくわく復習シートでダイアローグの定着を図ろうとしても、「できなかった」「強制的に練習させられた」という体験が積み重なってしまう。そうなると、楽しく復習することができなくなってしまうので注意したい。

わくわく復習シートの使い方

上記の条件をクリアしていることを前提として、次の手順で取り組む。

（1）わくわく復習シートに記されているダイアローグを教師に続いて復唱する（正しいダイアローグを確認する）

【右のわくわく復習シートの場合】

T : No.1, How are you?

C : How are you?

T : How are you?　C : How are you?

T : I'm fine.　C : I'm fine.

T : I'm fine.　C : I'm fine.

(以下省略)

続きもNo.2, No.3…と、同様に復唱しながらダイアローグを確認していく。

（2）アクティビティを行う

① 教室を自由に歩き回り、友だちと会話する。
② 会話するたびに、赤鉛筆で1個○を塗る。
③ 5個以上○が塗れたら、テストを受けることができる。

（3）テストを行う

① 子どもが教師のところに、わくわく復習シートを持ってくる。
② 子どもが尋ね、教師が答える。
③ 教師が尋ね、子どもが答える。
④ ②③がスムーズにできたら合格。
⑤ 合格の印をもらう。(右写真)

　合格の印は、教師のサインやシールなどでもよい。
　初めてテストをするときには、実際にテストのやり方を前で演じてみせることで、理解させる。

（4）すべての項目に合格したら、ミニ先生になる

　ミニ先生になった子は、教師と同じ様にまだ合格していない子どもと問答する。
　スムーズに尋ねたり答えたりすることができたら、合格となる。

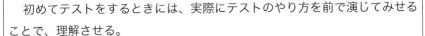

　「ミニ先生」のシステムを作ることで、教師の負担が軽減される。さらに、「ミニ先生」を目指して意欲的に練習に取り組む雰囲気が広がり、合格した子もしていない子も練習の場がきちんと保障されるメリットがある。

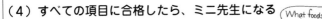

（2014年8月9日英会話指導セミナー熊本　井戸砂織氏資料参考）

　わくわく復習シートは、なくさないようにノートに貼っておくとよい。ノートを見れば、いつでも練習できるようにしておく。
　　　　　　　　　　　　　　　　　　　　　　　　　　　　　（岩井友紀）

（2）わくわく復習シート
新法則化97　わくわく復習シート学級実践記（小学校編）

わくわく復習シートを初めて教室で使ったときのことは、今でも忘れられない。
「かわいい！」
「“Hello!” でしょ。これは……“What's your name?” だよね」
コピーして渡しただけである。イラストを見た子どもたちが次々と話し始める姿に衝撃を受けた。それだけ魅力のあるシートなのである。その後、自分のクラスでは以下のように扱った。

1　4つずつ予想させる
2　教師の後に続いて、2回程度リピート練習する（思い出させる）
3　スムーズに言えるかテストをする
4　1分間でいくつ答えられるかゲーム感覚でテストをする

1　4つずつ予想させる

使ったシートは「ダイアローグA」（英語なし）である。16個のイラストが掲載されており、どれを見てもダイアローグを予想しやすい。
しかし、クラスには苦手な子どももいる。そこで、4つずつ予想させることにした。そうすることで集中力も持続させることができた。
慣れてきたら、一気に8つのイラストを予想させることもあるが、最初は4つに区切って予想させることをお薦めする。

2　教師の後に続いて、2回程度リピートする（思い出させる）

クラスには自信のない子どももいるので、予想できたら必ずリピートさせることが必要である。この活動を入れることで、予想が当たらなかった子どもも安心して話

すことができるようになった。

　基本的には2回ずつのリピートで良いが、ちょっと長い文節であれば、練習回数を増やした方がよい。また、子どもの様子を見ながら、「男子だけ」「女子だけ」「1人ずつ」などと変化のある繰り返し口頭練習を取り入れていくと楽しく復習することができる。

3　スムーズに言えるかテストをする

　リピート後に、復習したダイアローグを「言えるかどうか？」を確認するためにテストを行うとよい。その方が、楽しい中でも緊張感をもって学習することができ、学ぶ意欲が高まるからである。

≪テストのやり方≫

①自信のある子どもから教師に挑戦させる ※「4つのダイアローグをつまらずに会話できたら合格」などの基準は伝えておく。 ②合格者はミニ先生となり、子ども同士でもテストできるようにする

　ここでのポイントは合格したら、ダイアローグのイラストに○をつけてあげることである。

　○をつけてもらったことは、子どもにとって大きな自信になる。それが、次の活動の意欲につながっていく。

4　1分間でいくつ答えられるかゲーム感覚でテストをする

　「3」のシステムに慣れてきたら、1分間でいくつの質問に答えられるかをテストしている。これには教室中が熱狂する。

　最初は「教師が尋ね、子ども全員が答える」、次に「子どもが尋ね子どもが答える」（ペア）、最後に「教師が尋ね、1人が答える」と段階を踏むと、より楽しく学習できる。しかし、1人で答えることに抵抗のある子どももいるので、評価をする際は、個別に対応する必要がある。

（笹原大輔）

（2）わくわく復習シート
新法則化(98)　わくわく復習シート学級実践記（中学校編①）

中学校でもわくわく復習シートを実践することができた。

わくわく復習シートのユースウェアに基づいて、アクティビティとテストを行うと、中学生が休み時間になっても夢中になって活動していた。

実践の手順を紹介する。

1　わくわく復習シートを教師に続いてリピート練習する
2　アクティビティをする
3　テストをする
4　合格したらミニ先生！

1　わくわく復習シートを教師に続いてリピート練習する

テンポよくリピート練習をしていく。英会話フラッシュカードで、すでに慣れているダイアローグなので、練習回数は1～2回でよい。

わくわく復習シートの絵から、ダイアローグを予想させるのも楽しい。

T : How are you?	C : How are you?
T : I'm fine.	C : I'm fine.
T : How many apples?	C : How many apples?
T : I have three.	C : I have three.

2　アクティビティをする

わくわく復習シートのダイアローグを２人で会話する。１人と会話するたびに1つ○を赤で塗っていく。

○が10個

T : Talk many friends. Start!!

教室を自由に移動して良いことにして、会話の練習に取り組む。

5個以上○を赤で塗ることができたら、教師のところに来てテストを受けることができると指示を出しておく。

3 テストをする

わくわく復習シートのダイアローグが言えるかどうか、教師とテストをする。

子どもが教師に尋ね、教師が答える。次に教師が尋ね、子どもが答える。これがスムーズにできたら、合格。合格の印をもらうことができる。

ダイアローグが分からなくなったときのために、次の2つの方法を指導しておくとよい。

① 分かる子に聞く
② 英語入りわくわく復習シートで確認する

中学生なので文字を活用して復習できる。ただし、アクティビティがないと脳の回路が形成されないので注意が必要である。

4 合格したらミニ先生！

合格印をもらった子どもたちは、ミニ先生となり、テストをする。

誰がミニ先生か明確になるように、黒板に名前を書かせたり、ミニ先生がいる位置を指定したりしておくとよい。

テストに合格したときに、ハイタッチをするなど決めておくと、クラスの雰囲気が明るくなる。

わくわく復習シートを活用して、教科書の未習の文法を言えるようにしておくと、後で文法の学習をしたときに、驚くほど子どもの理解が早くなる。実践し、試してみてほしい。

（三原好太）

第7章 だれでもできる英会話授業の実践

> （2）わくわく復習シート
> 新法則化㊴　わくわく復習シート学級実践記（中学校編②）

　小学生向けに作られた「わくわく復習シート」は、中学生にも効果抜群である。

　わくわく復習シートには、文字がない。絵だけである。つまり、文字（英語）を読むという作業がないため、学習者の負担を軽減できる。そのため、英語が苦手な子どもでも、取りかかりやすく、意欲的にダイアローグ練習に参加し、楽しくダイアローグを習得することができるのである。

　私は、授業開始2、3分で、このわくわく復習シートを使った活動を行っている。どのように活用しているかを紹介する。

1　ダイアローグをリピートさせる

　わくわく復習シートを初めて扱うときは、まずシートにある16のダイアローグを確認する。絵をヒントに、どのようなダイアローグなのかを教師の後に続いてリピートさせ、覚えさせる。このとき、絵の横に英文を書かせないのがポイントである。

　また、一度に覚えきれないと思ったら、半分ずつでもよい。子どもの実態に合わせて進めていく。

2　TOSS型英会話指導法を用いる

　"What's Aichi famous for?" "Where do you want to go?" "Have you ever been to....?" などダイアローグによっては、あらかじめTOSS型英会話指導法を用いて習得させておく。

　未習のダイアローグについては、TOSS型英会話指導法でスムーズに進めることができる。

3　ペアで練習させる

　ペアを組み、1人がQuestion、もう1人がAnswerのパートになり、16のダイアローグすべてを1から順番に会話練習する。

　終わったら、パートを交代する。相手がダイアローグを忘れたり、間違えたりするときがあるので、そのようなときは、必ず教え合うことを前もって伝えておく。

4　高速で行うことを意識させる

　ダイアローグができるようになったら、瞬時に答えることができるように、高速で会話をすることを意識させる。これは、相手の話した英語をいちいち日本語に介さず、英語を英語として捉えるための基礎力を身につけさせるのにも効果的だと考える。

　シートのダイアローグを「30秒程度で終える」というように、目標を設定するとよい。

5　しばらくは同じシートを続ける

　シートは何種類もあるが、同じシートをひたすら続けることで、ほとんどの生徒たちが瞬時に答えられるようになる。また、英語を読むのを苦手とする生徒でもスムーズに会話ができるようになる。

　私は、1カ月間同じシートを使っている。前半は1番から順番に、後半は順番をランダムに選んで会話をさせている。

6　ALTとインタビューテストを行う

　このシートに出てきたダイアローグを用いて、ALTと1対1でインタビューテストを行い、ダイアローグの定着度を確かめる。

　テストは1分間にいくつの質問に答えることができたかを評価した。

（戸田恭子）

第7章 だれでもできる英会話授業の実践

（2）わくわく復習シート
新法則化⑩　わくわく復習シートのシステム作り

わくわく復習シートを効果的に使うと、次のようになる。

1　進んでダイアローグの練習をする。 2　何度も挑戦する。 3　学習したダイアローグが身につく。

しかし、この優れた教材も使い方を間違えると効果は半減する。
以下、わくわく復習シートの使い方を紹介する。

1　ダイアローグの復習をする

わくわく復習シートを配る。
教師は"No.1"と言う。
クラスの中で、誰かは、"Hi."と言うだろう。教師は最初に言った子を力強くほめる。
その後、"Hi." "I'm 〜."
"Nice to meet you." "Bye."のダイアローグを練習する。

同じ要領で、2、3、4……とダイアローグを確認していく。
一度にシート全部を行うのでなく、3つか4つずつ行うとよい。

2　テストをする

続いて、シートのダイアローグが身についたかテストする。
テストは、子どもが教師と会話をし、つまらずにスラスラ言えたら合格だ。

【例】 上記のわくわく復習シートNo.2の場合
C : How are you?
T : I'm fine. How are you?
C : I'm fine.

テストで大切なことは、次のことである。

厳しい上にも厳しくする

 言い間違いはもちろん、少しでもつかえたら不合格にする。
 合格したら、教師は合格スタンプを押すか、シールを貼る。子どもが自分でやってもよい。
 その後、子どもは掲示してある名簿に○をつける。
 こうすることで、誰がどのダイアローグをマスターしたのか、教師も子どもも分かる。

3 ミニ先生システム

 テストをすると、しだいに教師の前に列ができるようになる。
 子ども全員を教師がテストすることは不可能である。
 そこで、4つほど合格した子どもをミニ先生にする。クラスの状態に合わせて、合格の数は変えてよい。
 テストは、ミニ先生のところで受けても、教師のところで受けても合格にする。教師がテストを厳しくやっていれば、ミニ先生になった子どもも同じように厳しくやる。

 わくわく復習シートのシステムは、向山洋一氏の暗唱テストと同じシステムだ。わくわく復習シートのシステムを作ると、子どもは進んでダイアローグの練習をし、学習したダイアローグを身につけていく。

(岩井俊樹)

第8章 地域で英語が大好きな子を育てる

（1）グローバル化に対応した英会話授業
新法則化⑩ 英会話で文化の違いを授業する

「この国の○○はどうなっているのだろう？」という視点で授業を考えると、様々なダイアローグでの授業化が可能である。以下は、「食事をするとき、外国人は何を使って食べるのだろう？」という視点から作った授業である。

A : What do you use?
B : I use a knife and a fork. / I use a hand. / I use chopsticks.

1　新出単語練習（2回→1回→0回）
hand, chopsticks, knife and fork
※右の画像をリズムよく提示する。

2　状況設定（教師が1人3役）
インド人と食事に行って、何を使って食事するのか尋ね合う。後から、アメリカ人もやってきて、さらに尋ねる。
（画像1）
日本人 : I'm hungry.
インド人 : I'm hungry, too.
日本人 : Oh! Let's go to restaurant!
（画像2）
日本人 : Oh! Special fish fly!
インド人 : Great!
日本人 : What do you use?
インド人 : I use a hand.
日本人 : Oh! Good!
（画像3）
インド人 : What do you use?

画像1

画像2

日本人：I use a chopsticks.
インド人：Oh! Great!（画像4）
アメリカ人：I'm hungry, too!
日本人＆インド人：Oh! Tom!!
アメリカ人：I'm hungry, too.
日本人＆インド人：What do you use?
アメリカ人：I use a knife and a fork.

画像3

　教室で授業する際は、身近な食堂を登場させた。また、担任（私）が「手で食べている画像」「箸で食べている画像」「ナイフとフォークで食べている画像」を提示し、より具体的にイメージを持たせた。子どもは大いに喜んだ。
　状況設定が楽しいほど、子どもたちはその英語を話したくなり、記憶にも残る。ぜひ、このような状況設定を教室で試していただきたい。

画像4

3　ダイアローグの口頭練習
①答え方の練習
状況設定が終わり次第、新出単語練習で使った画像を提示し、答え方の練習を行う。
②尋ね方の練習（画像5）
画像を提示し、何度か練習する。

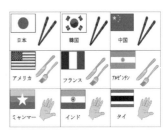

画像5

4　アクティビティ
①右のシートをあらかじめ国ごとに切っておいて、1人1枚ずつ配る。
②会話する。
A：Where are you from?
B：I'm from France.
A：What do you use?
B：I use a knife and a fork. (Switch the role.)

（笹原大輔）

第8章 地域で英語が大好きな子を育てる

（1）グローバル化に対応した英会話授業
新法則化⑩ 自国の歴史を英語で紹介する授業

　自国の歴史について、英語で外国人に紹介できる子どもを育てたい。そのためのダイアローグ指導が必要である。
　そこで、6年生社会の学習と関連づけた次のダイアローグを紹介する。

Which is the oldest?　(＿＿＿＿) is the oldest.

　ここでは、「状況設定」から「答え方の練習」を取り上げて述べる。
　まず、「状況設定」である。

右の画像を提示して T：法隆寺 is the oldest. T：Repeat! 法隆寺 is the oldest. C：法隆寺 is the oldest.（2回繰り返す）	 法隆寺　東大寺　金閣寺 607年　747年　1397年
続いて、右の画像を提示して T：Which is the oldest? 　　高知城？　名古屋城？　岐阜城？ 　　（子どもたちに挙手をさせる） 　　岐阜城 is the oldest. T：岐阜城 is the oldest. C：岐阜城 is the oldest.（2回繰り返す）	 高知城　名古屋城　岐阜城 1603年　1609年　1201年
最後の、右の画像を提示する T：Which is the oldest? 　　天保の改革？ 　　寛政の改革？ 　　享保の改革？	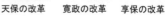 天保の改革　寛政の改革　享保の改革

3回目は、ヒントとなる年を提示していない。

子どもたちは、「どうだった？」と大騒ぎになる。

そこで"Do you want any hints?"等と言って、子どもたちを煽る。あくまでも楽しそうに。

子どもたちが"Yes!"と言ったら、"Hints, please!"と言うように、さらに煽る。ここも楽しそうに。

すると、子どもたちは、"Hints, please!"と言って神に祈るようなポーズをするだろう。

右のように2つだけヒントを与えて、再度尋ねる。
T : Which is the oldest?
　天保の改革？　　寛政の改革？
　享保の改革？

天保の改革　　寛政の改革　　享保の改革
1830年　　　1793年

右のように、3つ目のヒントも提示して、"享保の改革 is the oldest."と答えを言う。そして、リピート練習をする。
T : 享保の改革 is the oldest.
T : 享保の改革 is the oldest.
C : 享保の改革 is the oldest.
（2回繰り返す）

天保の改革　　寛政の改革　　享保の改革
1830年　　　1793年　　　1716年

次に「答え方」の練習である。「状況設定」で提示した画像を再度提示しながら、答え方を復唱する。

T : 法隆寺 is the oldest.	C : 法隆寺 is the oldest.
T : 岐阜城 is the oldest.	C : 岐阜城 is the oldest.
T : 享保の改革 is the oldest.	C : 享保の改革 is the oldest.
T : Which is the oldest?	C : 法隆寺 is the oldest.
T : Which is the oldest?	C : 岐阜城 is the oldest.
T : Whichis the oldest?	C : 享保の改革 is the oldest.

この後、子どもを1人ずつ指名して、教師の発問に答えさせる。

（小井戸政宏）

第8章 地域で英語が大好きな子を育てる

> （2）社会貢献活動で英会話教室　成功のポイント!!
> **新法則化⑩③　グローバル子ども観光大使を育てる!!**
> **　　　　　　英会話教室**

　グローバル子ども観光大使とは、以下のものである。

> グローバル子ども観光大使とは、自分のまちをほこりに思い、それを英語で人に伝えることができる子のことである。
> 　　　　　　　　　（井戸砂織氏『第6回観光・まちづくり全国大会』発表より）

　あいち子ども観光大使推進事務局（代表　井戸砂織氏）では、地域で、社会貢献活動を行っている。

　その一環として、グローバルに活躍する子を育てることを目指して、日本の伝統文化教室の中で英会話教室を行った。前半で日本や自分のまちの良さを学び、発信する絵はがきを書いた。その後、後半で、以下のような流れで日本の良さを英語で発信できる英会話教室を行った。

ステップ1	Hello! Nice to meet you. I live in Aichi.
ステップ2	I like 〜 .（愛知の有名なもの）
ステップ3	I like 〜 . Because 〜 .

　様々な年齢の子・様々な英会話のレベルの子が参加する。

　どの子にも、「英語で自分のまちの良さを話してみたい」「英語を話すって楽しいな!」「英語で自分のまちを紹介できるグローバル子ども観光大使になりたい!」と思って、帰ってもらいたい。

　井戸砂織氏が示した工夫は以下の5つである。

工夫1	簡単なことから始める
工夫2	簡単なことを組み合わせる
工夫3	分かりやすい視覚情報を準備する

工夫4　2人ペアでのやりとりにした
工夫5　挑戦をほめた
　　　　　　（井戸砂織氏『第6回観光・まちづくり全国大会』発表より）

工夫1　簡単なことから始める

　簡単な自己紹介で楽しい雰囲気作りをする。「これならやれそうだ!」と思うようにさせることがポイントである。

工夫2　簡単なことを組み合わせる

　井戸氏は以下のダイアローグを組み合わせていた。

1　自己紹介
2　What's this?
3　I like ～. Do you like ～?
4　What do you like about Japan?
5　Why?　Because ～.
　　　　　　（井戸砂織氏『第6回観光・まちづくり全国大会』発表より）

　簡単なことを組み合わせることで、小学校1年生の子も発言できていた。

工夫3　わかりやすい視覚情報を準備する

　子どもが一目で分かるように、視覚情報を準備した。
　フラッシュカードやシートにして、提示した。
　日本・県・地域の有名な食べ物や文化の写真があることで、有名なものを知ることもできた。

第8章　地域で英語が大好きな子を育てる

| 第8章 | 地域で英語が大好きな子を育てる |

工夫4　2人ペアでのやりとりにする。

　全体でダイアローグ練習をした後、2人でのやりとりをした。
「教師と子ども」や「子ども同士」で行った。
　1人が話すと、もう1人は真似をすれば良いので、安心して会話できる。

工夫5　挑戦をほめる。

　工夫1～4をすることで、次から次へと挑戦する子が出てきた。
　1人で英語を話したり、みんなの前に出て英語を話したりすることに、手を挙げて挑戦していた。
　とびっきりの笑顔と言葉でほめた。そうすることで、子どもたちがさらにやる気になった。

　以下は、実際に教師と子どもが話した内容である。

T（教師）: Hello!　C（子ども）: Hello!　T : I'm ～．　C : I'm ～．
T : Nice to meet you.　　　　C : Nice to meet you, too.
T : I live in Toyota.　　　　　C : I live in Toyota, too.
T : I like Toyota.　　　　　　C : I like Toyota.
T : I love Toyota!　　　　　　C : I love Toyota!
T : What's this?　　　　　　　C : It's 五平もち．
T : How is it?　　　　　　　　C : It's very delicious!
T : What is made of?
C : It's made of rice, miso, and sugar. Do you like 五平もち？
T : Yes. Do you like 五平もち？　C : Yes, I do!
T & C : Please come to Toyota!

（木村理子）

執筆者一覧

南 聖一　愛知県公立中学校
小井戸政宏　岐阜県公立小学校
成田容実　愛知県公立小学校
水野彰子　愛知県公立小学校
戸﨑 恵　奈良県公立小学校
谷口（堂前）貴美子　愛知県公立小学校（当時）
木村理子　愛知県公立小学校
笹原大輔　山形県公立小学校
荻野珠美　愛知県公立小学校
清水陽月　長野県公立中学校
松原幸司　愛知県公立中学校
岩井俊樹　愛知県公立小学校
杉浦恵梨子　愛知県公立小学校
岩井友紀　愛知県公立小学校
辻 拓也　愛知県公立中学校
井戸恵美　愛知県公立小学校
戸田恭子　愛知県公立中学校
原田雄大　愛知県公立中学校
三原好太　山形県公立中学校

参考文献中のTOSSランドナンバーに続く(旧)の表記は、
その文献が旧TOSSランド(2005年版)のものであることを示します。

TOSSランド　http://www.tos-land.net
TOSSランド(2005年版)　※旧TOSSランド　http://acv.tos-land.net
〈お問合せ〉TOSSランド事務局
〒142-0064 東京都品川区旗の台2-4-12 TOSSビル　TEL. 03-5702-4450

◎監修者紹介

向山 洋一（むこうやま よういち）

東京都生まれ。68年東京学芸大学卒業後、東京都大田区立小学校の教師となり、2000年3月に退職。全国の優れた教育技術を集め、教師の共有財産にする「教育技術法則化運動」TOSS（トス：Teacher's Organization of Skill Sharingの略）を始め、現在もその代表を務め、日本の教育界に多大な影響を与えている。日本教育技術学会会長。

◎編集者紹介

井戸 砂織（いど さおり）

高知県高知市に生まれる。高知大学大学院修了。2015年現在　愛知県豊田市立東保見小学校勤務。TOSS英会話中央事務局代表。TOSS Sunny代表。TOSS東海中央事務局。編著に『向山型スキル・小学校英語の授業パーツ100選』『小学校英語で楽しくスーパー学習ゲーム』（いずれも明治図書）

新法則化シリーズ
「外国語活動〔英語〕」授業の新法則

2015年3月10日　初版発行
2017年5月25日　第2版発行
2019年3月1日　第3版発行

企画・総監修　向山洋一
編集・執筆　　TOSS「外国語活動〔英語〕」授業の新法則 編集・執筆委員会
　　　　　　　（代表）井戸砂織
企画推進コーディネイト　松崎 力
発行者　小島直人

発行所　株式会社学芸みらい社
〒162-0833 東京都新宿区箪笥町31番 箪笥町SKビル3F
電話番号 03-5227-1266
http://www.gakugeimirai.jp/
E-mail：info@gakugeimirai.jp
印刷所・製本所　藤原印刷株式会社
ブックデザイン　荒木香樹
カバーイラスト　水川勝利
本文組版　エディプレッション（吉久隆志・古川美佐）
落丁・乱丁は弊社宛にお送りください。送料弊社負担でお取替えいたします。

©TOSS 2015　Printed in Japan
ISBN978-4-905374-63-3 C3037

2015年度新教科書対応

小学校教師のスキルシェアリング
そしてシステムシェアリング
—初心者からベテランまで—

授業の新法則化シリーズ
＜全28冊＞

企画・総監修／向山洋一 日本教育技術学会会長 TOSS代表

編集・執筆 TOSS授業の新法則 編集・執筆委員会

発行：学芸みらい社

　1984年「教育技術の法則化運動」が立ち上がり、日本の教育界に「衝撃」を与えた。そして20年の時が流れ、法則化からTOSSになった。誕生の時に掲げた4つの理念はTOSSになった今でも変わらない。
1. 教育技術はさまざまである。出来るだけ多くの方法を取り上げる。（多様性の原則）
2. 完成された教育技術は存在しない。常に検討・修正の対象とされる。（連続性の原則）
3. 主張は教材・発問・指示・留意点・結果を明示した記録を根拠とする。（実証性の原則）
4. 多くの技術から、自分の学級に適した方法を選択するのは教師自身である。（主体性の原則）

　そして十余年。TOSSは「スキルシェア」のSSに加え、「システムシェア」のSSの教育へ方向を定めた。これまでの蓄積された情報をTOSSの精鋭たちによって、発刊されたのが「新法則化シリーズ」である。
　日々の授業に役立ち、今の時代に求められる教師の仕事の仕方や情報が満載である。ビジュアルにこだわり、読みやすい。一人でも多くの教師の手元に届き、目の前の子ども達が生き生きと学習する授業づくりを期待している。

（日本教育技術学会会長　TOSS代表　向山洋一）

学芸みらい社
GAKUGEI MIRAISHA

株式会社 学芸みらい社（担当：横山）
〒162-0833 東京都新宿区箪笥町43番 新神楽坂ビル
TEL 03-5227-1266　FAX 03-5227-1267
http://www.gakugeimirai.com/
e-mail info@gakugeimirai.com

授業の新法則化シリーズ（全リスト）

書名		ISBNコード	本体価格	税込価格
「国語」	～基礎基本編～	978-4-905374-47-3 C3037	1,600円	1,728円
「国語」	～1年生編～	978-4-905374-48-0 C3037	1,600円	1,728円
「国語」	～2年生編～	978-4-905374-49-7 C3037	1,600円	1,728円
「国語」	～3年生編～	978-4-905374-50-3 C3037	1,600円	1,728円
「国語」	～4年生編～	978-4-905374-51-0 C3037	1,600円	1,728円
「国語」	～5年生編～	978-4-905374-52-7 C3037	1,600円	1,728円
「国語」	～6年生編～	978-4-905374-53-4 C3037	1,600円	1,728円
「算数」	～1年生編～	978-4-905374-54-1 C3037	1,600円	1,728円
「算数」	～2年生編～	978-4-905374-55-8 C3037	1,600円	1,728円
「算数」	～3年生編～	978-4-905374-56-5 C3037	1,600円	1,728円
「算数」	～4年生編～	978-4-905374-57-2 C3037	1,600円	1,728円
「算数」	～5年生編～	978-4-905374-58-9 C3037	1,600円	1,728円
「算数」	～6年生編～	978-4-905374-59-6 C3037	1,600円	1,728円
「理科」	～3・4年生編～	978-4-905374-64-0 C3037	2,200円	2,376円
「理科」	～5年生編～	978-4-905374-65-7 C3037	2,200円	2,376円
「理科」	～6年生編～	978-4-905374-66-4 C3037	2,200円	2,376円
「社会」	～3・4年生編～	978-4-905374-68-8 C3037	1,600円	1,728円
「社会」	～5年生編～	978-4-905374-69-5 C3037	1,600円	1,728円
「社会」	～6年生編～	978-4-905374-70-1 C3037	1,600円	1,728円
「図画美術」	～基礎基本編～	978-4-905374-60-2 C3037	2,200円	2,376円
「図画美術」	～題材編～	978-4-905374-61-9 C3037	2,200円	2,376円
「体育」	～基礎基本編～	978-4-905374-71-8 C3037	1,600円	1,728円
「体育」	～低学年編～	978-4-905374-72-5 C3037	1,600円	1,728円
「体育」	～中学年編～	978-4-905374-73-2 C3037	1,600円	1,728円
「体育」	～高学年編～	978-4-905374-74-9 C3037	1,600円	1,728円
「音楽」		978-4-905374-67-1 C3037	1,600円	1,728円
「道徳」		978-4-905374-62-6 C3037	1,600円	1,728円
「外国語活動」（英語）		978-4-905374-63-3 C3037	2,500円	2,700円

学芸みらい社 GAKUGEI MIRAISHA

株式会社 学芸みらい社（担当：横山）
〒162-0833 東京都新宿区箪笥町43番 新神楽坂ビル
TEL 03-5227-1266　FAX 03-5227-1267
http://www.gakugeimirai.com/
e-mail info@gakugeimirai.com

☀ 学芸みらい社 既刊のご案内

日本全国の書店や、アマゾン他のネット書店で注文・購入できます！

	書　名	著者名・監修	本体価格
教育関連系（教科・学校・学級）シリーズ			
学校・学級経営	トラブルをドラマに変えてゆく教師の仕事術 発達障がいの子がいるから素晴らしいクラスができる！	小野隆行(著)	2,000円
	ドクターと教室をつなぐ医教連携の効果　第一巻 医師と教師が発達障害の子どもたちを変化させた	宮尾益知(監修)　向山洋一(企画)　谷 和樹(編集)	2,000円
	生徒に『私はできる！』と思わせる超・積極的指導法	長谷川博之(著)	2,000円
	中学校を「荒れ」から立て直す！	長谷川博之(著)	2,000円
	フレッシュ先生のための「はじめて事典」	向山洋一(監修) 木村重夫(編集)	2,000円
	みるみる子どもが変化する『プロ教師が使いこなす指導技術』	谷 和樹(著)	2,000円
道徳	子どもの心をわしづかみにする「教科としての道徳授業」の創り方	向山洋一(監修) 河田孝文(著)	2,000円
	あなたが道徳授業を変える	櫻井宏尚(著)　服部敬一(著) 心の教育研究会(監修)	1,500円
国語	先生も生徒も驚く日本の「伝統・文化」再発見2 〜行事と祭りに託した日本人の願い〜	松藤 司(著)	2,000円
	先生も生徒も驚く日本の「伝統・文化」再発見 【全国学校図書館協議会選定図書】	松藤 司(著)	2,000円
	国語有名物語教材の教材研究と研究授業の組み立て方	向山洋一(監修) 平松孝治郎(著)	2,000円
	先生と子供どもたちの学校俳句歳時記 【全国学校図書館協議会選定図書】	星野高士(監修)　仁平勝(監修)　石田郷子(監修)	2,500円
社会	子どもを社会科好きにする授業 【全国学校図書館協議会選定図書】	向山洋一(監修) 谷 和樹(著)	2,000円
理科	子どもが理科に夢中になる授業	小森栄治(著)	2,000円
算数・数学	数学で社会／自然と遊ぶ本	日本数学検定協会 中村 力(著)	1500円
	早期教育・特別支援教育　本能式計算法	大江浩光(著) 押谷由夫(解説)	2,000円
教育を未来に伝える書			
	かねちゃん先生奮闘記　生徒ってすごいよ	兼田昭一(著)	1,500円
	すぐれた教材が子どもを伸ばす！	向山洋一(監修) 甲本卓司＆ TOSS教材研究室 (編著)	2,000円
	教師人生が豊かになる 『教育論語』師匠 向山洋一曰く　──125の教え	甲本卓司(著)	2,000円
	向山洋一からの聞き書き　第2集 2012年	向山洋一(著) 根本正雄(著)	2,000円
	向山洋一からの聞き書き　第1集　2011年	向山洋一(著) 根本正雄(著)	2,000円
	バンドマン修業で学んだ プロ教師への道	吉川廣二(著)	2,000円
	向こうの山を仰ぎ見て	阪部 保(著)	1,700円
	全員達成！魔法の立ち幅跳び 「探偵！ナイトスクープ」のドラマ再現	根本正雄(著)	2,000円
	世界に通用する伝統文化 体育指導技術 【全国学校図書館協議会選定図書】	根本正雄(著)	1,900円
	教育の不易と流行	TOSS編集委員会(編さん)	2,000円

2015年2月現在

☀ 学芸みらい社 既刊のご案内

日本全国の書店や、アマゾン他のネット書店で注文・購入できます！

書　名	著者名・監修	本体価格
アニャンゴ（向山恵理子）の本		
翼はニャティティ 舞台は地球 【全国学校図書館協議会選定図書】	アニャンゴ（著）	1,500円
アニャンゴの新夢をつかむ法則 【全国学校図書館協議会選定図書】	向山恵理子（アニャンゴ）（著）	905円
もっと、遠くへ 【全国学校図書館協議会選定図書】	向山恵理子（アニャンゴ）（著）	1,400円
一　般　書		
雑食系書架記	井上泰至（著）	1,800円
「美味しい」っていわれたい　今日もフランス料理	糠信和代（著）	2,400円
カナダ・寄り道 回り道	落合晴江（著）	1,300円
COVERED BRIDGE　（カバード ブリッジ） 過去からみらいへとつづく橋	三浦徹大（著）	2,000円
花いっぱいの家で	大澤彌生（著）	1,000円
サスペンダーの独り言	矢次 敏（著）	1,500円
日本人の心のオシャレ	小川創市（著）	1,500円
信州倶楽部叢書		
意志あるところに道は開ける	セイコーエプソン元社長 安川英昭（著）	1,500円
ノブレス・オブリージュの「こころ」	文化学園大学 理事長・学長 大沼 淳（著）	1,500円
シェスタシリーズ		
父親はどこへ消えたか　-映画で語る現代心理分析-	樺沢紫苑（著）	1,500円
国際バカロレア入門　融合による教育イノベーション	大迫弘和（著）	1,800円
ノンフィクション		
銀座のツバメ 【全国学校図書館協議会選定図書】	金子凱彦（著） 佐藤信敏（写真）	1,500円
二度戦死した特攻兵　安部正也少尉	福島 昂（著）	1,400円
児　童　書		
超救助犬リープ（児童書） 【日本図書館協会選定図書】【全国学校図書館協議会選定図書】	文:石黒久人（著） 絵:あも〜れ・たか	1,300円
句　集・歌　集		
句集 蜜柑顔	山口隆右（著）	2,500円
句集 実千両	大原芳村（著）	2,500円
画　集		
風に想いを寄せて	髙橋まさみ（著）	1,200円

2015年2月現在

学芸みらい社刊　全国学校図書館協議会選定図書

学校図書館へ 必備のお薦め本

●全国学校図書館協議会選定図書●

先生も生徒も驚く 日本の「伝統・文化」再発見
松藤司 著　●A5判　176ページ　定価:2000円（税別）

★帝京大学の入試問題に採用！
★先生も生徒も驚く 日本の「伝統・文化」再発見2 2014年8月刊行！

先生と子どもたちの学校俳句歳時記
監修：星野高士・仁平勝・石田郷子　企画：上廣倫理財団
●四六判　304ページ　定価:2500円（税別）

子どもを社会科好きにする授業
向山洋一 監修／谷和樹 著
●A5判　176ページ　定価:2000円（税別）

☆公立高校入試問題に採用

世界に通用する伝統文化 体育指導技術 教育を伝えるシリーズ
根本正雄 著　●A5判　192ページ　定価:1900円（税別）

銀座のツバメ
金子凱彦 著／佐藤信敏 写真
●四六判　183ページ　定価:1500円（税別）

★朝日新聞ザ・コラムで掲載（2014年5月3日朝刊／全国版）
★NHK首都圏ニュースで放映（2014年6月10日）

超救助犬リープ
文：石黒久人／絵：あも〜れ・たか
●A5判　116ページ　ハードカバー　定価:1300円（税別）

アニャンゴと向山恵理子さんが英語教科書に登場！ 12ページ／カラーでの設問形式
「Power On CommunicationEnglishⅡ」
（2年用／東京書籍）

翼はニャティティ 舞台は地球
アニャンゴ 著
●A5判　128ページ　定価:1500円（税別）

アニャンゴの新夢をつかむ法則
向山恵理子 著
●新書　224ページ　定価:905円（税別）

もっと、遠くへ
向山恵理子 著
●四六判　192ページ　定価:1400円（税別）

早期教育・特別支援教育 本能式計算法
〜計算が「楽しく」「速く」できるワーク〜
大江浩光 著・押谷由夫 解説　●B5判　192ページ　定価:2000円（税別）

フレッシュ先生のための「はじめて事典」
向山洋一 監修・木村重夫 編集
●A5判　160ページ　定価:2000円（税別）

子どもが理科に夢中になる授業
小森栄治 著
●A5判　176ページ　定価:2000円（税別）

中学校を「荒れ」から立て直す！
長谷川博之 著
●A5判　208ページ　定価:2000円（税別）

数学で社会／自然と遊ぶ本
日本数学検定協会 中村力 著
●A5判　192ページ　定価:1500円（税別）

学芸を未来に伝える　学芸みらい社　GAKUGEI MIRAISHA

〒162-0833 東京都新宿区箪笥町43　新神楽坂ビル
TEL:03-5227-1266（代）　FAX:03-5227-1267
http://gakugeimirai.com/　E-mail:info@gakugeimirai.com